우리 아이
**나쁜 버릇
부모가**
만든다

> 20년 경력의 육아 멘토가 전하는 아이케어 비결!

우리 아이 나쁜 버릇 부모가 만든다

송연희 지음

좋은 책 좋은 독자를 만드는
㈜신원문화사

글을 시작하며
날마다 새롭고 더 새로워지는

"우리 아들을 리더십 있는 아이로 키우고 싶어요."
"딸을 당당하고 자신감 있는 여자아이로 키우고 싶어요."

　유아 상담을 하는 중에 학부모들이 흔히 하는 말이다. 리더십 있고 자존감 있는 아이로 키우고 싶은데 어떡하면 되겠느냐는 것이 말의 요지다.
　어느 학부모는 '아이를 자존감 넘치며 긍정적인 인격체로 키우기 위해 부모에게 꼭 필요한 덕목이 무엇이냐'고 구체적으로 묻기도 한다. 학부모 열 명 중 다섯 명 이상은 아이의 리더십에 대해 고민하고 상담을 청해 온다.

자식을 더 당당하고 긍정적이며, 자존감 넘치는 아이로 키우기 위한 바람은 이 시대를 살아가는 모든 학부모의 공통된 생각이라고 본다. 그리고 이러한 요구가 곧 유아기 리더십 교육의 필요에 관한 절대성이 아닐까 싶다.

필자는 유아 교육계에 20여 년 동안 종사하면서 유아들의 올바른 인성함양과 생활습관 형성교육에 갈증을 느껴 오던 중 '유아 리더십'을 접하게 됐다. 유아들에게 올바로 적용할 수 있는 구체적인 유아 교육 프로그램을 찾지 못해 아쉬움이 많았던 때였기에 그 사건은 충격처럼 다가왔다.

이후 학문적 학습을 통해 '리더십 프로그램'을 연구·개발하게 됐고 몰입하는 가운데 이를 통해 박사학위를 받기도 했다.

이 책은 필자가 연구·개발한 리더십 프로그램을 직접 교육활동에 도입하고 적용하는 과정을 소개한 것이 특징이다. 그러니 체계적이고 계획적인 유아 리더십 교육을 도입하고자 하는 일선 유아 교육 현장의 선생님과 관계자들에게 반드시 필요한 지침서가 될 것으로 믿는다.

아울러 유아를 둔 부모에게도 유아 리더십 교육의 중요성과 그 의미를 확실히 알게 하는 구심이 될 것이다.

필자는 다시 태어난다고 해도 지금과 같이 유아 교육의 길을 걸을 것이다.

유아들에게 리더십 교육을 통하여 인성과 자존감, 더 나아가 자신감을 심어 주고 리더로서의 역량을 발휘하도록 최선을 다할 것이다. 그리고 매사에 긍정적이면서도 정직하고 도전적인 사람, 자신을 사랑하고 감사할 줄 아는 사람으로 성장하도록 나 자신의 모든 역량을 바칠 것이다.

우리 아이들이 '날마다 새롭고 더 새로워지는' 리더십 있는 아이들로 반듯이 설 수 있도록, 아이들에게 맡겨진 내 인생을 더욱 소중하고 빛나는 그림으로 채워 갈 것이다.

이 책이 나오기까지 관심을 가지고 사랑으로 이끌어 주신 모든 분에게 다시 한 번 감사의 마음을 전하며, 우리나라 유아 교육과 보육의 발전을 위해 더욱 새로운 각오를 다지고 노력의 경주를

게을리하지 않을 것을 약속드린다.

또한 이 책이 자녀양육과 리더십에 관한 문제로 한번쯤 갈등하고 고민해 봤을 유아를 둔 부모님들에게 아주 유익하고 위대한 지침서가 됐으면 하는 바람을 조심스레 전해 본다.

2015년 7월 저자 송연희

글을 시작하며 날마다 새롭고 더 새로워지는   4

1부 아이의 리더십을 올려 주세요!
: 진정한 리더의 조건

1장 섬김 : 부모와 자녀의 섬김의 리더십   14
2장 인내 : 조급한 부모가 참을성 없는 아이로 만든다   22
3장 존중 : 존중받는 아이가 남을 존중한다   29
4장 봉사 : 진정한 봉사란 남과 함께하는 것이다   36
5장 공감 : 공감적인 부모 밑에서 자란 아이가 공감 능력이 높다   43
6장 칭찬 리더십 : 칭찬받는 아이는 자신감이 커진다   51
7장 협력(협동심) : 이 시대에 요구되는 중요한 덕목 중의 하나   59
8장 경청 : 경청은 세상을 풍요롭게 하는 삶의 지혜   67
9장 도덕성 : 유아기에 기초가 형성되는 도덕성   75
10장 친절 리더십 : 친절, 자신은 물론 이끄는 사람들을 신뢰하는 것   82
11장 신뢰 : 영유아기에 '기본 신뢰감'을 길러 주자   89
부록 똑똑한 아이 & 똑바른 아이   95

2부 아이의 마음을 알아주세요!
: 상황별 아이케어 비결

인성 교육의 상황별 ABC　　　　　　　　　　100

1장 부정적인 행동을 일삼는 아이케어

떼쓰는 아이　　　　　　　　　　　　　　　105
어린이집에 가기 싫다며 매달리는 아이　　　109
공격성이 있는 아이　　　　　　　　　　　　114
욕하는 아이　　　　　　　　　　　　　　　118
이기적인 아이　　　　　　　　　　　　　　123
고자질하는 아이　　　　　　　　　　　　　128
자기가 할 일을 하지 않는 아이　　　　　　　133
거짓말하는 아이　　　　　　　　　　　　　137
소리부터 지르는 아이　　　　　　　　　　　142
남의 물건 가져오는 아이　　　　　　　　　　147
참을성이 부족한 아이　　　　　　　　　　　152
난폭한 아이　　　　　　　　　　　　　　　156

부록 아이의 문자습득 교육, 언제가 좋을까?　　161

2장 소심하고 예민한 아이 케어

또래들과 잘 어울리지 못하는 아이	166
부끄럼을 많이 타는 아이	171
표현력이 부족한 아이	176
주의집중을 못하는 산만한 아이	181
편식하는 아이	186
똑같은 놀이만 하는 아이	191
잘 우는 아이	195
동작이 느린 아이	199
손가락을 빠는 아이	204
수줍어하며 부모에게 의존하는 아이	209
겁이 많은 아이	214
소심하고 소극적인 아이	219
응석이 심한 아이	223
잠자리에서 오줌을 누는 아이	227
부록 아이를 칭찬하는 효과적인 방법	231

3장 자기애가 강한 아이케어

자기애가 넘치는 아이	236
질투가 심한 아이	241
멋 내기에 관심이 많은 아이	246
지기 싫어하는 아이	251
친구를 깔보는 아이	256
고집이 센 아이	260
성기를 만지는 아이	265
잘난 척하는 아이	270
호기심이 많은 아이	275
공감력이 떨어지는 아이	280
자기 규칙만 강요하는 아이	285

부록 아이의 좋은 습관 만드는 방법   289

아이의 리더십을 올려 주세요!

진정한 리더의 조건

좋은 부모가 된다는 것은 관심과 노력을 갖고 시행착오를 거듭해야 가능해진다. 부모 스스로 계속 배우고 성장하면서 아이들도 가르치고 성장시키는 것, 그것이 올바른 부모상이며 부모의 역할이다. 이를 위해 아이들 각자의 장단점을 찾아내어 부모로서 아이들의 삶이 균형을 이루도록 격려하고 보호하며 지도·편달해 주는 방법을 이제부터 살펴보자.

섬김

부모와 자녀의 섬김의 리더십

섬김의 리더십이란 '서번트 리더십(servant leadership)'이라고 할 수 있다. 서번트 리더십은 미국학자 그린리프(R. Greenleaf)에 의해 1970년대 초에 처음으로 소개됐다. 그는 헤세가 쓴 《동방순례》라는 책에 나오는 '레오(Leo)'의 이야기를 통해 '다른 사람의 요구에 귀를 기울이는 하인이 결국은 모두를 이끄는 리더가 된다'고 했다. 서번트 리더십은 서로 다른 구성원들이 공동의 목표를 이루어 나가는 데 있어 정신적·육체적으로 지치지 않도록 환경을 조성해 주고 도와주는 리더십이다. 즉, 인간존중을 바탕으로 구성원들이 잠재력을 발휘할 수 있도록 도와주고 이끌어 주는 리더십이라고 할 수 있다.

아이를 잘 키우고 싶은 부모들의 마음은 예나 지금이나 한결 같다. 그렇지만 아이들을 '어떻게' 잘 키우는가에 대한 방법은 시대마다 변하고 있다. 얼마 전까지 우리 사회를 지배해 온 자녀교육의 트렌드는 '뛰어난 아이 만들기'였다. 이 때문에 자녀교육에 관한 서적들도 주로 학습법이나 영재교육이 주종을 이루기도 했다.

하지만 최근에는 이 흐름이 바뀌고 있다. 사회의 리더에게 인성(人性)과 감성(感性)이라는 덕목이 필수적으로 요구되면서 이에 발맞추어 자녀교육법도 변화하는 것이다. 이제 부모들의 화두와 관심은 어떻게 하면 우리 아이를 올바른 사람으로 키워 내느냐로 옮겨지고 있다.

여섯 자녀 모두 하버드대와 예일대를 졸업시킨 전혜성 박사의 자녀교육 노하우가 담긴 책 《섬기는 부모가 자녀를 큰 사람으로 키운다》가 화제가 된 적이 있다. 이 책에서 그녀는 진정한 리더는 태어나는 것이 아니라 만들어지는 것이라고 강조한다. 자녀를 진정한 리더로 키우기 원한다면 부모가 먼저 스스로 자신을 섬기고, 서로를 섬기며, 자녀를 섬기며, 더 나아가 남을 섬기고, 사회를 섬기라고 주장한다. 즉, 자신만 아는 이기적인 아이가 아닌 남을 배려하는 아이가 21세기형 리더 자격을 갖추게 될 것이라고 강조한다.

그녀는 자녀가 재능보다 덕(德) 있는 사람으로 자라기를 바라면서 실제 그렇게 키우려고 노력했으며, 남을 배려하고 봉사하면서 얼마나 큰 기쁨과 보람을 느낄 수 있는지 솔선수범함으로써 자녀를 성공적인 리더로 길러 낸 것이다. 이 같은 교육으로 인해 자녀들은 미국 국무부 차관보, 매사추세츠주 보건후생부 장관, 하버드대 공공보건대학원 부학장 등을 역임하여 미국 교육부가 '동양계 미국인 가정교육 연구대상'으로 선정하기도 했다.

흔히 부모들은 자녀교육을 위해 아이에게 '이렇게 해야 한다', '저렇게 해야 한다'는 고정관념을 갖고 있다. 그러한 고정관념에 따라 아이를 특정한 방향으로 몰아가야만 올바로 큰다는 강박관념이 있기 때문이다. 그러나 자녀교육은 정답이 없다. 상황에 따라 다르고 아이마다 다르기 때문이다. 늘 그것을 생각해야 한다. 다만, 어떤 선택을 할 때 '왜 이렇게 해야 하나?'라는 목적만큼은 명확히 해야 한다. 자녀가 어떤 사람이 되기를 바라는지가 분명하다면 자녀교육의 방법을 찾기도 한결 쉬워지기 때문이다.

자녀들을 덕을 갖춘 진정한 리더로 키우기 위해서는 무엇보다 부모로서 모범이 되어 반듯하게 서는 것과 아이들을 하나의 인격체로 존중해 주며 스스로 경험하고 깨우치게 하는 것이 중요하다. 또 아이에게 맞춰 무조건적인 희생을 하기보다는 아이와 부모가 모두 행복해지는 방법에 대해서 고민해야 한다. 이를 위해 부모는 진심으로 아이의 앞길을 보여 주고 아이가 그 길로 바르게 나아갈 수 있도록 도와주는 최고의 멘토가 되어야 한다. 최고의 멘토가 되려면 먼저 부모 자신부터 인생의 목적과 목표를 늘 생각하며 거기에 맞는 경험을 쌓고 바람직한 모범을 보여야 한다.

좋은 부모가 된다는 것은 관심과 노력을 갖고 시행착오를 거듭해야 가능해진다. 부모 스스로 계속 배우고 성장하면서 아이들도 가르치고 성장시키는 것, 그것이 올바른 부모상이며 부모의 역할이다. 이를 위해 아이들 각자의 장단점을 찾아내어 부모로서 아이들의 삶이 균형을 이루도록 격려하고 보호하며 지도·편달해 주어야 할 것이다.

서번트 리더십

아이랑 엄마 아빠랑 이렇게 해 봐요!

1. 목표
- 리더십 프로그램을 이해한다.
- 친구와 친밀감을 형성한다.

2. 발달영역 : 사회성, 언어, 인지

3. 준비물 : 호루라기, 싱글벙글 노래가 담긴 동영상이나 음원

4. 진행단계 및 과정

○ 도입

노래로 인사해요. 싱글벙글 노래를 하며 아이와 함께 인사를 나눠요.
(아이의 이름을 부르며 모두 인사를 나눔)

싱글벙글 1절 노랫말

싱글싱글 싱글싱글 벙글벙글 벙글벙글 오리 모두 인사해요 (안녕)

싱글싱글 싱글싱글 벙글벙글 벙글벙글 병아리를 만나 볼까요 (삐약삐약)

싱글싱글 싱글싱글 벙글벙글 벙글벙글 원숭이를 만나 봐요 (우끼우끼)

싱글싱글 싱글싱글 벙글벙글 벙글벙글 호랑이가 나타났어요 (어흥)

싱글 랄랄라 벙글 싱글 벙글 해 (짝짝)

싱글 랄랄라 벙글 싱글 벙글 해 (짝짝)

○전개

1) 리더십 소개

😊😊 **엄마아빠** : 훌륭한 리더는 어떤 어린이일까요?

😊 **아이** : (아이 나름대로 생각하는 바를 자유롭게 이야기합니다)

😊😊 **엄마아빠** : 참 잘했어요. 엄마아빠는 이렇게 생각해 봤어요.

① 친구의 말을 잘 들어 주는 어린이 ② 친구에게 친절하게 대해 주는 어린이 ③ 친구들을 칭찬하는 어린이 ④ 친구와 협동하는 어린이 ⑤ 끝까지 참고 최선을 다하는 어린이 ⑥ 친구의 어려움을 함께하는 어린이 ⑦ 고운 말을 사용하는 어린이 ⑧ 남을 도와주는 어린이 ⑨ 친구를 이해하고 인정하는 어린이 ⑩ 믿고 의지하는 어린이

😊😊 **엄마아빠** : 훌륭한 리더가 되려면 어떻게 해야 할까요?

😊 **아이** : (아이 나름대로 생각하는 바를 자유롭게 이야기합니다)

😊😊 **엄마아빠** : 참 잘했어요. 앞으로 리더십에 대해서 자세하게 공부하

기로 해요.

2) 리더십 공부 시간에 지켜야 할 약속

😊😊 **엄마아빠** : 앞으로 리더십 공부 시간에 함께 지켜야 할 것은 무엇일까요?

😊 **아이** : (아이 나름대로 생각하는 바를 자유롭게 이야기합니다)

😊😊 **엄마아빠** : 참 잘했어요. 엄마아빠는 ○○가 생각을 잘 말했으면 좋겠어요. 그리고 엄마아빠 말을 끝까지 잘 들어 주었으면 좋겠어요. 리더십 공부 시간에는 장난치지 않았으면 좋겠어요.

😊😊 **엄마아빠** : 함께 정한 약속을 큰 소리로 읽어 봐요. 다음 시간부터는 우리가 정한 약속을 꼭 지킬 거죠?

○ 마무리

😊😊 **엄마아빠** : 앞으로 엄마아빠와 함께 '나는 훌륭한 리더입니다' 수업을 하면 어떤 어린이가 될 수 있을까요?

😊 **아이** : (아이가 각자 느낀 대로 자유롭게 표현하도록 이야기를 들어 주세요)

😊😊 **엄마아빠** : 아, 그렇구나! 엄마아빠는 우리 ○○가 ① 친구의 말을 잘 들어 주는 어린이 ② 친구에게 친절하게 대해 주는 어린이 ③ 친구들을 칭찬하는 어린이 ④ 친구와 협동하는 어린이 ⑤ 끝까지 참고 최선을 다하는 어린이 ⑥ 친구의 어려움을 함께하는 어린이 ⑦ 고운 말을 사용하는 어린이 ⑧

남을 도와주는 어린이 ⑨ 친구를 이해하고 인정하는 어린이 ⑩ 믿고 의지하는 어린이가 되었으면 좋겠어요.

우리 ○○가 나보다도 남을 먼저 생각하는 훌륭한 리더가 되면 좋겠어요.

(우리의 약속을 작성하여 아이 방에 부착한 후 틈날 때마다 함께 낭독하기로 합니다)

○유의사항
—아이가 의견 발표하기를 꺼릴 때는 엄마아빠가 자신감을 갖고 발표할 수 있도록 적극적으로 유도해 줍니다.

인내

조급한 부모가 참을성 없는 아이로 만든다

19세기 영국의 화가이자 예술평론가이며 사회개혁가인 존 러스킨은 "모든 것에서 성공한 사람과 실패한 사람 사이의 궁극적인 차이는 인내다. 위대한 사람들은 모두 무한한 인내심을 가지고 있다. 비록 힘은 약하지만 인내심이 많은 사람은, 힘은 있으나 조급한 사람을 반드시 이긴다"고 했으며, 루소는 "인내는 쓰지만 그 열매는 달다"고 인내심의 중요성을 설파했다.

요즘 많은 사람들이 인내심의 중요성에 대해서 소홀히 하는 경향이 있고 인내심 기르기에 대한 부분을 잊어버리고 살아가는 것 같다. 인내심은 성공의 조건으로도 많은 부분을 차지하며 살아가면서 매우 중요한 정신력의 한 종류라고도 할 수 있다.

필자가 운영하는 어린이집에서 학부모 상담을 하다 보면 자녀가 참을성이 없는(인내심이 약한) 것에 관해 걱정하는 부모들을 많이 볼 수 있다. 참을성은 아이가 자라면서 친구를 만들고, 학업을 성취하고, 먼 훗날 직업을 갖고 배우자를 선택하는 데 있어서 가장 기본적인 성격의 일부가 되고, 능동적이고 긍정적인 태도를 취하는 사람들의 공통적인 성향이기도 하다.

인내심은 스스로 견디기 힘든 상황을 견디는 것이므로 이러한 종류의 욕구, 본성을 거스르고 절제하는 정신력은 사실 하루아침에 습득되기에는 상당한 어려움이 있다. 인내심 기르기는 상당 기간 시간의 흐름과 함께 훈련이 요구되기 때문이다.

그런데 다행히도 참을성(인내)은 태어나면서 갖고 나오는 것이 아니다. 아이의 성향이 내성적이냐 외향적이냐에 따라 결정되어지는 것도 아니며, 부모의 경제력에 따라 만들어지는 것도 아니다. 부모의 양육 태도나 집안의 분위기로 얼마든지 습관으로 만들어 줄 수 있는 것이 바로 참을성이다.

　참을성 없는 부모가 참을성 없는 아이를 만들고, 참을성 있는 부모가 참을성 있는 아이를 만든다고 한다. 집중력 있는 아이로 키우려면 어려서부터 참을성을 키워야 하며, 이러한 참을성은 아이들에게 보여 주는 부모들의 행동과 습관, 태도들이 인식되어 자연스럽게 만들어져야 한다. 평소 엄마아빠가 하는 말과 행동, 습관은 아이 인생을 좌우하는 기본 성격이 되고, 밑바탕이 되기 때문이다. 참을성이 많고 끈기 있는 아이로 키우고 싶다면 먼저 엄마아빠부터 제대로 된 생활습관을 키워야 한다.

　아이에게 스스로 해낼 수 있다는 의지와 인내, 끈기를 심어 주려면 부모부터 원칙을 가지고 있어야 한다. 이를 위해서는 부모가 먼저 아이를 기다리고 참아 주어야만 아이도 참을성을 배우게 된다. 무엇이든 그것이 성숙되기 위해서라면 적당한 시간이 필요하다. 너무 서두르고 안달하는 부모 밑에서 자란 아이는 커서도 행동이 위축되게 되거나 혹은 과도한 행동으로 나타나 정서적인 문제까지 일으킬 수 있다.

　그리고 아이가 사랑스럽더라도 모든 것을 알아서 해 주는 것은 가장 어리석은 일이다. 흔히 참을성이 부족한 아이들을 보면 모든 것을 엄마가 알아서 해 주는 경우가 많다. 이렇게 아이가 원하지도 않을 때 미리미리 부모가 챙겨 주면 아이는 무언가를 스스로 하고 싶은 욕구도 열정도 사라지게 되는 것이다.

인내심은 훌륭한 대인관계를 이루게 하는데도 많은 도움을 주게 되고, 싫은 일을 먼저 하고 난 후에 좋아하는 일을 하겠다는 태도와도 상당한 관련이 있다. 좋아하는 일을 뒤로 미루고 먼저 싫은 일을 하겠다는 긍정적이고 훌륭한 자세는 비록 아주 사소해 보이지만 한 사람의 인생 전반에 대한 태도를 결정짓게 된다. 결국 인내심은 인생의 성공이나 실패를 갈라놓는 중요한 상황을 연출하기도 한다. 어릴 때부터 어떤 일에 대해서 때로는 욕구를 억눌러야 할 때가 있다는 것을 알고 이를 참아 내는 인내심을 길러 주어야 한다.

극기 훈련

1. 목표
   - 끝까지 최선을 다하는 인내심을 기른다.

2. 발달영역 : 신체, 운동, 인지, 사회성

3. 준비물 : 운동기구, 운동선수의 동영상

4. 진행단계 및 과정

   ○ 도입

   팔씨름을 해 봐요.

   😊😊 엄마아빠 : 함께 짝꿍이 되어 볼까요. 오늘은 엄마아빠랑 팔씨름을 한 번 해 볼게요.

   😊 아이 : (함께 팔씨름을 합니다)

   😊😊 엄마아빠 : ○○가 팔씨름에서 이겼어요. 어떻게 해서 이길 수 있었

나요?

　　😀 아이 : (이건 아이의 이야기를 들어 봅니다)

　　😊😊 엄마아빠 : 그래요. 비록 힘은 들었지만 꾹 참고 끝까지 해서 이길 수 있었죠. 오늘 시간에는 '끝까지 참고 최선을 다하는 어린이'에 대해서 알아볼 거예요.

○ 전개
　1) 인내란?

　　😊😊 엄마아빠 : 인내는 뭐라고 생각해요?

　　😀 아이 : (아이가 나름대로 생각하는 바를 자유롭게 이야기합니다)

　　😊😊 엄마아빠 : 엄마는 인내란 '괴로움이나 어려움을 참고 견디는 것'이라고 생각해요.

　2) 동영상 시청

　　😊😊 엄마아빠 : 끝까지 참고 최선을 다해 세계적으로 유명한 피겨 스케이팅 선수가 된 김연아 선수의 동영상을 시청할게요.

　　(인터넷에서 김연아 선수의 동영상을 찾아 아이와 함께 시청합니다)

　　😊😊 엄마아빠 : 김연아 선수의 경기를 보니 어떤 생각이 들었어요?

　　😀 아이 : (동영상을 보고 난 후의 소감을 자유롭게 이야기합니다)

　　😊😊 엄마아빠 : 어떻게 해서 훌륭한 선수가 되었을까요?

　　😀 아이 : (아이가 소감을 자유롭게 이야기합니다)

😊😊 엄마아빠 : 네, 발이 부르트도록 연습했대요. 이제 놀이터로 나가서 인내훈련을 할 시간이에요.

3) 극기 훈련을 해요.

놀이터에서 아이와 함께 극기 훈련을 체험해 봅니다.

O마무리

소감나누기

😊😊 엄마아빠 : 극기 훈련을 할 때 기분이 어땠어요?

😀 아이 : 많이 힘들었어요.

😊😊 엄마아빠 : 힘은 들었지만 어떻게 끝까지 할 수 있었나요?

😀 아이 : 김연아 선수처럼 포기하지 않고 끝까지 했어요.

😀 아이 : (아이가 느낀 대로 자유롭게 말하고 엄마아빠는 이야기를 들어줍니다)

😊😊 엄마아빠 : 그랬었구나. 우리는 포기하지 않고 끝까지 최선을 다해 인내하는 훌륭한 리더가 되었으면 좋겠어요.

존중
존중받는 아이가 남을 존중한다

존중(尊重)의 사전적 용어는 '높이어 귀중하게 대함'이다. 이와 비슷한 말인 존경(尊敬)은 '다른 사람의 인격이나 사상, 행동 등을 높이 사는 것'을 말한다.

원에서 학부모 개인 상담을 하다 보면 의외로 많은 부모들이 자녀를 하나의 인격체로 대하기보다 '보호해 주어야만 하는 존재'로 인식하는 것을 볼 수 있다. 인간은 본능적으로 타인에게 무시당하는 것을 매우 싫어하는데, 자꾸 보호를 앞세우다 보면 "넌 아직 어려서 안 돼", "어려서 몰라도 돼"와 같은 태도로 일관하게 된다. 이러한 상태가 지속되다 보면 아이의 마음속에는 '나는 안 될 거야' 또는 '난 못할 거야'라는 열등감이 생기게 된다.

매사에 짜증이 많거나 공격적인 아이, 지나치게 소심하여 엄마에게만 의지하는 아이들의 공통점은 바로 '자존감'이 낮다는 것이다. 자존감은 자기 자신에게 가치를 부여하고 사랑하며 존중하는 마음이다. 자존감이 높을수록 실패나 좌절을 겪어도 포기하지 않고 어떤 일이든지 담대하게 헤쳐 나가는 사람으로 성장하게 된다. 자존감이 높은 아이는 문제 해결능력이 뛰어나며 숨겨진 재능과 능력이 발현될 가능성도 높다. 무엇보다 자존감은 아이가 자기 자신을 아끼고 사랑하는 마음을 바탕으로 행복한 삶을 꾸려 나갈 수 있게 해 준다. 이것이 자녀의 자존감을 길러 주는 중요한 이유다.

자녀의 자존감을 키워 주는 핵심은 바로 '존중'이다. 유아기의 아이들은 외부로부터 얻어지는 반응이나 자극을 통해 자기 존재에 대해 확인하고 가치를 평가한다. 부모가 자녀를 존중해 줄 때 비로소 아이도 자신을 소중한 존재라고 인식하는 것이다. 말 그대로 존중해야 존중한다. 또, 존중받는 아이가 다른 사람을 존중할 줄 알게 된다.

　존중은 단순히 자녀에 대한 애정이 아니다. 여기에는 아이들만이 가지고 있는 자질(資質)들의 귀중함을 아는 통찰력과 그 가치를 다시 회복하고자 하는 열린 마음, 그리고 아이들에게서 배우려는 겸손한 자세가 포함된다. 이런 존중은 어린 시절을 그 자체로, 아이들을 있는 그대로 기꺼이 받아들이려는 태도다.

　부모의 자존감이 낮으면 자녀들의 자존감도 낮다. 유아기와 아동기를 거쳐 형성된 자존감은 성인이 되어서도, 그리고 나중에 자녀에게까지도 영향을 미치기 때문이다. 그러므로 자녀의 자존감을 높여 주는 교육방법을 고민하기 전에 부모 먼저 스스로 돌아보는 시간이 필요하다. 일관된 행동으로 아이를 대하는지, 아이를 지나치게 엄격하거나 혹은 신경질적으로 대하진 않는지, 아니면 지나치게 방관하거나 아이 뜻대로 다 해 주는 엄마인지 냉철하게 양육 방식을 점검해 보아야 한다.

　아이가 혼자서 무엇인가 하려고 한다면 할 수 있게 해 주고 할 때까지 기다려 주자. 여기서 엄마의 역할은 '해결사'가 아닌 '보조'다. 아이가 능숙하게 하지 못한다고 참지 못하고 엄마가 개입하는 태도는 절대 금물이다. 그리고 아이의 행동을 바로잡기 전에 아이의 마음부터 읽어야 한다. 잘못하거나 투정을 부릴 때, 그러한 행동을 혼내기에 앞서 먼저 아이를 이해하며 아이의 현재 상태에 대한 공감이 우선되어야 한다.

아이에게 리더십을 키워 주기 위해서는 의사소통 능력을 키워 주고, 아이의 능력을 최대한 존중해 주어야 한다. 그리고 리더십 있는 아이로 키우기 위해서 부모는 일찍부터 가능한 한 많은 부분을 아이 스스로, 끝까지 해내도록 허용하는 태도를 보여야 한다.

부모는 자녀가 갖고 있는 특성이 무엇이든지 이를 불평, 비판하거나 아쉬워하기보다는 먼저 아이가 가진 능력을 최대한 존중하고 감사하는 태도로 수용해야 한다. 그럴 때 아이들은 긍정적 자아개념과 자신감을 갖게 되며, 비로소 타인과 원만한 관계를 형성해 나갈 수 있다.

친구를 이해할 수 있어요

1. 목표
   - 타인의 입장을 이해하고 인정한다.

2. 발달영역 : 사회성, 정서, 인지, 언어

3. 준비물 : 〈까마귀 소년〉 그림 동화책

4. 진행단계 및 과정

○ 도입

손동작 따라 하기 '미안 미안해'

😊😊 엄마아빠 : 우리 모두 동그랗게 앉아 봐요. 손동작을 할 거예요. '미안 미안해' 알지요?

😊 아이 : 네!(손으로 동작을 합니다)

(1절 : 튼튼한 아이가 뛰어 갑니다. 날씬한 아이가 뛰어 갑니다. 둘이서 문

앞에서 부딪혔대요. 너 때문이야. 너 때문이야. 둘이는 화가 나서 뿔!뿔!뿔!

2절 : 미안해 미안 미안해 둘이는 웃으면서 하하하)

😊😊 엄마아빠 : 오늘은 '친구를 이해하는 어린이'에 대해서 배워 봐요.

○전개

1) 존중이란?

😊😊 엄마아빠 : 존중이란 '다른 사람을 이해하고 귀하게 인정하는 것'이에요.

😊 아이 : (아이 나름대로 생각하는 바를 자유롭게 이야기합니다)

2) 동화〈까마귀 소년〉듣기

😊😊 엄마아빠 : 엄마아빠랑 함께 준비한 동화를 들어 봐요.

산골 마을 초등학교에 다니는 땅꼬마는 언제나 친구와 선생님에게 따돌림을 당하고 놀림을 받는 외톨이입니다. 그러나 새로 오신 선생님의 정성 어린 보살핌으로 마을 사람 모두로부터 인정받는 '까마귀 소년'이 된다는 이야기입니다. 자연 속에서 자연의 소리를 들으며 자란 아이의 심성과 행동이 잘 드러나 있으며, 어린이들에게 주변 친구들에 대해 따스한 관심을 갖게 하고 올바른 판단력을 심어 주며, 참교육의 의미를 생각하게 해 주는 좋은 그림동화입니다.

😊😊 엄마아빠 : 내가 까마귀 소년이라면 기분이 어떨까?

😊 아이 : (아이 나름대로 생각하는 바를 자유롭게 이야기합니다)

😊😊 엄마아빠 : 내가 친구들이라면 어떻게 할까요?

😊 아이 : (아이 나름대로 생각하는 바를 자유롭게 이야기합니다)

😊😊 엄마아빠 : 좋아요. 나와 다른 친구들도 무시하지 않고 잘 어울려 주어야 해요. 우리도 동화 속의 선생님처럼 다른 친구들을 인정하고 존중해 주어야 해요.

○ 마무리

소감 나누기

😊😊 엄마아빠 : 동화를 듣고 느낀 점에 대해서 말해 볼까요?

😊 아이 : (아이가 느낀 대로 자유롭게 말하고 엄마아빠는 이야기를 들어 줍니다)

😊😊 엄마아빠 : 앞으로 ○○이는 다른 사람을 이해하고 귀하게 인정하는 훌륭한 리더가 되었으면 좋겠어요.

○ 유의사항

— 동화책을 본 후 느낌을 자유롭게 표현할 수 있도록 유도합니다.

4장

봉사
진정한 봉사란 남과 함께하는 것이다

봉사란 국가나 사회 또는 남을 위하여 자신을 돌보지 아니하고 도와주는 것을 말한다. 흔히 봉사라고 하면 대부분 상대와 나를 구분하여 생각하기 쉽다. 그런데 진정한 봉사란 무엇을 베풀어주는 것이 아니라 그들과 함께하는 것이며 함께하는 가운데 자신의 일을 열심히 하는 것이다.

아프리카에서 의료와 교육으로 선교활동을 하다가 48세의 젊은 나이에 암으로 세상을 떠난 영화 '울지마 톤즈'의 주인공 이태

석 신부. 그는 성당보다는 학교를 먼저 지었으며 총 쏘는 법 대신 악기를 가르쳐 브라스 밴드를 결성하고 암 투병 속에서도 기금 마련을 위해 마지막까지 기타를 치며 노래를 불렀다.

 이러한 그의 삶이 많은 사람들에게 감동을 주는 것은 특별하게 무엇을 하려고 노력한 것이 아니라 투철한 봉사정신으로 자신의 삶을 그저 열심히 살았기 때문이라고 할 수 있다.

 현대 사회는 경쟁시대다. 이런 사회 구조는 남이야 어찌되었든 나만 잘되면 된다는 생각이 지배적일 수 있다. 그러나 인간 사회는 나 혼자만이 살 수도, 나 혼자만이 모든 것을 다 해결할 수도 없는 것이다. 서로 도우며 이끌어 주어야 한다.

 미국은 'Character counts'란 기본적 교육 시스템으로 1990년대부터 도덕 교육을 중요시하며 인성 교육을 강조하고 있다. 이러한 인성 교육의 토대 아래 운영되는 교육의 큰 축으로는 '자원봉사'를 들 수 있다.

 소그룹에서 지역 단위, 국가 단위, 그리고 국제기구를 통해 많은 사람들이 봉사하고 있는데 특이한 것은 부모들의 자원봉사가 장려된다는 점이다. 이는 부모들이 일상생활이나 직장에서 자원해서 봉사하는 모습을 보인다면 자녀들은 아름다운 봉사정신을 배움은 물론 부모를 더욱 신뢰하고 존경하게 된다는 생각 때문이다. 봉사정신을 통해 인격과 인성, 가치교육이 올바르게 형성되고 훌륭한 지도자가 되기 위해서는 남의 불행과 아픔에 공감하는 동정심이 있어야 한다는 미국 사회의 믿음이 있기에 자원봉사는 미국인들의 생활 속에 뿌리박혀 있다.

또한 유태인의 경전인 탈무드에는 "1개의 촛불로 많은 촛불에 불을 붙여도 처음 촛불의 빛은 약해지지 않는다"는 말이 있다. 이는 자신을 희생하여 타인에게 도움을 준다고 해도 결코 자기 자신이 손해를 보지 않고 더욱 영롱한 빛을 발휘한다는 것을 의미한다.

유아기 아이들에게 다른 사람을 돕는 일이 얼마나 보람 있고 자신을 기쁘게 하며 살아가는 데 의미가 있는지, 즉 '봉사정신'을 경험시켜야 한다.

필자가 운영하는 어린이집에서 유아들의 활동을 지켜보노라면 매사에 적극적이고, 주변의 친구들을 도와주는 일에 열성적인 아이들이 있다. 이 아이들은 비록 자기 일은 소홀(?)하지만 원에서 일어나는 일은 물론 심지어 동네 친구들 사이에 일어나는 어려운 일에 모두 쫓아다니며 도와주는 것을 알 수 있다. 부모의 입장에서 볼 때는 요즘 같은 사회에 남을 돕는 일이 필요하고 좋은 일인 줄 알면서도 자녀가 왠지 자신의 일에 손해를 보는 것 같아 안타까워할 수도 있다.

그러나 이런 아이들은 자기 자신에게는 물론 다른 사람에게도 많은 관심을 가진 만큼, 그런 일을 의무감에서 하는 것이 아니라 자기 마음이 즐거워서 하는 것이다. 그리고 남을 도와주고 남과 함께 일하는데서 맛볼 수 있는 흐뭇한 만족감이 나중에 그 아이가 기대하는 보상이 되는 것이다.

유아기 때 이런 활동을 통해 얻어지는 성취감은 나중에 어른이 되었을 때 자기에게 부여되는 지도적 책임을 수락하게 할 것이고, 조직사회 속에서도 자기의 사명과 책임을 철저히 이행하는 리더가 되는 밑바탕이 된다.

어린아이, 특히 유아들에게 봉사의 의미와 개념을 이해시키기란 쉬운 일이 아니다. 그렇지만 유아기 때부터 다양한 경험을 통해 '봉사' 정신을 교육시킴으로써 스스로 기쁨과 보람, 책임을 터득하게 해주는 것은 부모와 유아교육기관의 몫이다. 이와 같은 마음 씀씀이는 물질만능 시대에서, 또는 목적을 위한 수단과 방법을 가리지 않는 현대 사회에서 주인의 역할을 할 수 있으며, 자기가 할 일을 스스로 찾아서 하는 성숙된 사회인으로 키워 주는 계기가 되기 때문이다.

몸이 불편한 어른들을 도와요

1. 목표
   - 몸이 불편한 어른들을 돕는 방법을 익힌다.

2. 발달영역 : 공감

3. 준비물 : 세숫대야, 수건, 비누, 풋크림

4. 진행단계 및 과정

O 도입

남을 도와준 경험 나누기

 엄마아빠 : ○○는 다른 사람을 도와준 적이 있어요? 오늘 리더십 시간에는 '남을 도와주는 어린이'에 대해서 할 거예요.

○ 전개

1) 봉사란?

😊😊 엄마아빠 : 봉사란 '남을 도와주는 것' 입니다. 오늘 남을 도와주는 방법을 배우기 위해 노인정의 할아버지, 할머니를 찾아가서 봉사를 할 거예요.

2) 봉사체험(지역 노인정을 방문하여 어르신들의 발 씻어 드리기)

😊😊 엄마아빠 : 할아버지, 할머니 안녕하세요? 오늘 저희 식구들이 할아버지, 할머니를 기쁘게 해 드리고 싶어요.

😊 아이 : (준비하는 동안 노래 1곡과 율동 한 타임을 갖습니다)

😊😊 엄마아빠 : 저희들이 할아버지, 할머니 발을 씻겨 드릴 거예요.

😊 아이 : (2인 1조가 되어 발을 씻겨 드립니다)

😊😊 엄마아빠 : 할아버지, 할머니 발은 잘 씻겨 드렸어요? 자, 수건으로 발을 닦아 드린 후 예쁘게 로션을 발라 주세요.

😊 아이 : (발을 닦고 로션을 발라 줍니다)

😊😊 엄마아빠 : 이제 손과 어깨를 주물러 드리세요. (이때 엄마아빠가 세숫대야와 수건 등을 정리합니다) 주물러 드린 후 '사랑합니다. 건강하세요'라고 말하면서 꼭 껴안아 드리세요.

😊 아이 : (아이가 어르신들을 꼭 껴안아 줍니다)

3) 봉사 후 소감 나누기

😊😊 엄마아빠 : 할아버지, 할머니의 발을 씻겨 드릴 때 어떠했나요?

아이 : (아이가 느낀 소감을 이야기합니다)

엄마아빠 : (할아버지, 할머니에게) 아이가 발을 씻겨 줄 때 어떠셨나요?

(어르신들의 칭찬을 아이와 함께 듣습니다)

엄마아빠 : 오늘 참 수고 많았어요. 앞으로 ○○가 몸이 불편한 사람들을 잘 도와주는 훌륭한 리더가 되었으면 좋겠어요.

○마무리

확장활동

엄마아빠 : 오늘 몸이 불편하신 할아버지, 할머니들의 발을 씻겨 드렸어요. ○○가 발을 씻겨 드릴 때 어르신들은 무척 기뻐하셨어요. 집에 가서도 엄마아빠를 도와줄 수 있는 어린이가 되었으면 좋겠어요.

공감

공감적인 부모 밑에서 자란 아이가 공감 능력이 높다

공감(共感)이란 '남의 감정, 의견, 주장 등을 수용하고 어려움을 이해하며 자기도 그렇게 느끼는 기분'을 말한다. 다른 사람의 슬픔과 기쁨을 마치 내 감정처럼 느끼는 것, 그 사람이 처한 상황을 진심으로 이해해 주는 것, 사람의 관계를 보다 부드럽게 하고, 세상을 행복하게 만드는 것은 바로 '공감'에서 비롯된다. 더불어 살 줄 아는 행복한 아이가 되길 바란다면 아이의 공감 능력을 키워 주어야 한다.

서울대 교수이자 서울시교육감 출신인 문용린 박사는 그의 저서 《열 살 전에 사람됨을 가르쳐라》를 통해 다가올 세상에 우리 아이가 반드시 갖춰야 할 경쟁력으로 도덕성과 함께 '공감 능력'을 꼽았다. 기계화되어 가고 경쟁이 가속화되는 사회일수록 사람과 사람의 관계를 잘 풀기 위해 '공감 능력'이 절실하다고 강조한 것이다.

　일반적으로 공감 능력이 떨어지는 아이는 남을 배려할 줄 모른다. 다른 사람의 감정에 민감하지 못하기 때문에 죄책감을 느끼지 못한 채 남에게 상처와 고통을 주는 것이다. 설사 악의(惡意)는 없었을지언정 그로 인해 다른 사람들과 잘 어울리지 못하는 결과를 가져오기도 한다. 우리 사회에서 이슈가 되고 있는 집단 따돌림인 '왕따' 문제도 역시 공감 능력 부족으로 생겨나는 경우가 대부분이다. 타인의 감정을 공감하지 못하니 자신이 저지른 일이 '왜 나쁜지' 조차 모르는 것이다.

　요즘 아이들의 공감 능력이 떨어지는 것은 태어나서 처음 접한 환경이 '관계 지향적'이지 못한 탓이라고 한다. 공감의 중요성은 인식하지만, 문명의 발달과 기계화된 현대 사회는 굳이 타인과 소통하지 않아도 큰 불편을 주지 않기 때문이다. 아이들 입장에서는 태어나는 순간, 손가락 하나만 까딱해도 언제든 원하는 것을 얻을 수 있는 세상이 되었기 때문이다.

또한 점점 심화되고 있는 무엇이든 알아서 먼저 챙겨 주는 부모들의 양육 태도도 아이를 공감적이지 못하게 만드는 원인 중 하나다. 대부분 한둘 낳아 부족함 없이 잘 키우자는 주의로 항상 넘치게 주고, 아이는 받는 데 익숙하다. 가만히 있어도 알아서 챙겨 주니 아이는 굳이 다른 사람의 감정을 살필 필요를 느끼지 못하는 것이다.

이렇듯 공감 능력의 중요성이 부각되고 있기는 하지만 막상 아이를 어떻게 키워야 할지 막막하다. 공감 능력은 하루아침에 생겨나는 것이 아니다. '공감'하는 아이로 키운다는 건 내 아이가 다른 사람의 입장을 헤아리는 배려심이 있는 아이라는 뜻이다. 자신이 어떤 행동을 했을 때 누군가에게 피해가 되지는 않을지, 혹은 나의 행동이 누군가에게 도움이 되진 않을지 다른 사람의 마음을 알아주는 것이다. 친구나 동생이 아끼던 인형을 잃어버려 속상해할 때 내 인형을 나눠 주는 것, 어린이집에서 놀이에 끼지 못하는 친구의 손을 선뜻 잡아 주는 것, 버려진 강아지를 불쌍히 여길 줄 아는 것, 이 모든 것이 공감이다.

공감은 결국 상대방을 감동시키는 소통 에너지다. 공감 능력이 뛰어난 아이가 성공한다는 것도 이 때문이다. 최초의 공감 능력 키우기는 엄마에게 달려 있다. 아이가 생후 5~6개월 정도 되면 엄마와 본격적인 눈 맞춤이 가능해진다. 이때부터 끊임없이 엄마와 눈을 맞추고 스킨십을 하며 생애 최초의 공감 능력을 쌓아나가는 것이다. 이 시기 부모자식 간의 애착이 얼마나 긴밀했느냐에 따라 공감 능력을 키워 주기도 하고 줄이기도 하는 출발점이 된다.

일반적으로 아이가 만 3~4세가 넘어 의사소통이 가능한 나이가 되면 공감지능을 높이는 훈련을 시작하는 것이 좋다. 함께 동화책을 보거나 인형극을 보는 것도 도움이 된다. 동화책을 읽으면서 등장인물의 기분에 감정이입도 해 보고, 때로는 책 속 인물들의 표정을 보며 감정 상태를 맞혀 보는 놀이도 해 본다.

공감적인 부모 밑에서 자란 아이가 공감 능력이 높게 마련이다. 어릴 때부터 엄마아빠에게 공감을 많이 받아온 아이는 부모를 롤(roll) 모델 삼아 공감 능력을 발전시킨다. 아이에게 공감하는 부모가 되기 위해서는 평소 공감해 주는 연습을 해야 한다. 아이의 섬세한 감정도 세심하게 받아 주고, "왜?"라는 질문보다는

"그랬니? 어떻게?"라는 공감의 어투로 대하며, 평소에 "그랬구나"라는 인정과 공감의 말로 시작하는 연습도 아이의 공감 능력을 키워 주는 계기가 된다.

친구의 어려움을 **함께** 느껴요

1. 목표
- 타인의 감정을 수용하고 어려움을 이해한다.

2. 발달영역 : 공감

3. 준비물 : 〈무지개 물고기〉 동화책, 동영상

4. 진행단계 및 과정

○ 도입

친구가 없다면?

😊 엄마아빠 : 만약에 친구가 없다면 어떨까요?

😊 아이 : (아이 나름대로 생각하는 바를 이야기합니다)

😊 엄마아빠 : (아빠를 가리키며) 아빠에게 친구가 없다면 어떠시겠어요? 오늘 리더십 시간에는 '친구의 어려움을 함께 나누는 어린이'에 대해서

할 거예요.

○전개

1) 공감이란?

😊😊 엄마아빠 : 오늘은 공감에 대해서 공부할 거예요. 공감이란 '다른 사람의 슬픔, 기쁨, 어려움을 함께 나누는 것' 입니다.

(동화〈무지개 물고기〉구연 듣기)

2) 동화 소감 나누기

😊😊 엄마아빠 : 무지개 물고기는 처음에 친구가 없었을 때 기분이 어땠을까요?

😊 아이 : (아이 나름대로 생각하는 바를 자유롭게 이야기합니다)

😊😊 엄마아빠 : 무지개 물고기는 다른 물고기들보다 훨씬 아름다웠는데 왜 친구가 없었을까요?

😊 아이 : (아이 나름대로 생각하는 바를 자유롭게 이야기합니다)

😊😊 엄마아빠 : 무지개 물고기는 어떻게 해서 친구가 많아지게 되었나요?

😊 아이 : (아이 나름대로 생각하는 바를 자유롭게 이야기합니다)

😊😊 엄마아빠 : 만일 내가 동화 속의 왕따를 당한 무지개 물고기라면 기분이 어땠을까요?

😊 아이 : (아이 나름대로 생각하는 바를 자유롭게 이야기합니다)

😊 **엄마아빠** : 내가 동화 속의 파란 비늘을 빌려 달라고 했던 작은 물고기라면 기분이 어땠을까요?

😊 **아이** : (아이 나름대로 생각하는 바를 자유롭게 이야기합니다)

○ 마무리
따돌림을 당한 친구와 함께해요.

😊 **엄마아빠** : 어린이집에서 혼자 노는 친구는 기분이 어떨까요?

😊 **아이** : (아이가 생각하는 바를 자유롭게 이야기합니다)

😊 **엄마아빠** : 그렇다면 내가 어떻게 혼자 노는 친구를 도울 수 있을까요?

😊 **아이** : (아이가 생각하는 바를 자유롭게 이야기합니다)

○ 유의사항
- 따돌림을 당한 경험의 친구가 주변에 없을 경우에는 엄마아빠의 경험을 먼저 나누어 동기부여를 합니다.

칭찬 리더십
칭찬받는 아이는 자신감이 커진다

켄 블랜차드의 저서 《칭찬은 고래도 춤추게 한다》에 나오는 이야기가 있다.

미국의 대기업 중역인 웨스 킹슬리는 범고래 쇼를 관람하던 중, 3톤이 넘는 범고래가 조련사의 지시에 한 치의 오차도 없이 움직이는 것을 보고 그 노하우에 대해 질문했다. 조련사는 범고래를 훈련시킬 때 부정적인 신호를 주기보다 긍정적인 신호, 즉 칭찬을 지속적으로 함으로써 범고래의 완벽한 쇼를 완성할 수 있다고 답했다.

이렇듯 칭찬은 고래도 춤추게 한다는데 사람인들 오죽하겠는가? 칭찬은 좋은 점이나 착하고 훌륭한 일을 높이 평가하는 것이다. 어쩌면 사람은 칭찬을 갈망하면서 사는 존재인지도 모른다. 칭찬이나 격려는 모든 사람을 행복하게 만드는 신비한 힘을 가지고 있기 때문이다. 또한 칭찬은 살아가면서 타인과의 소통을 원활하게 만드는 아주 좋은 방법이다.

칭찬만큼 긍정적인 효과가 큰 것도 없다. 칭찬을 받고 자란 아이들은 자신감을 가지고 스스로 노력할 줄 알며, 긍정적인 사고방식을 가지는 경우가 많다. 부모가 원하는 방향으로 아이의 행동을 고치고 싶다면 제대로 된 칭찬의 기술을 익혀야만 한다.

이를 위해 아이들에게 하는 칭찬은 결과보다 과정을 언급하는 게 중요하다. 아이에게 칭찬은 동기를 자극하는 언어적 보상이 된다. 아이로 하여금 어떤 행위를 지속적으로 하기 위한 자극을 주기도 하고, 어떤 행위를 했을 때 그에 대한 피드백으로 작용하기도 한다. 아낌없이 칭찬할수록 아이는 자기 효능감과 자신감이 향상되고, 자기 주도적인 아이로 자라날 수 있다.

효과적인 '칭찬의 기술'을 알아보자.

첫째, 과정과 노력을 구체적으로 칭찬한다. 모호하고 추상적인 칭찬은 신뢰성이 떨어지며, 결과에 대해서만 칭찬하면 아이는 부담감과 더 잘해야 한다는 불안감 때문에 초조해진다. 노력한 부분을 구체적이고 분명하게 칭찬하는 것이 좋다.

둘째, 진지하고 간결하게 칭찬한다. 칭찬도 너무 자주하고 내용이 길면 자칫 잔소리가 되기 쉽다. 칭찬은 진지하고 간결하게 해야 더 깊은 인상을 주고 오래 기억한다.

셋째, 남들 앞에서 칭찬한다. 아이는 스스로 자랑하고 싶은 욕구가 크기 때문에 제삼자에게 간접적으로 아이에 대한 칭찬을 전달하는 것은 아이가 칭찬받는 기쁨과 자랑의 욕구를 동시에 충족시킬 수 있으므로 더 효과적이다.

넷째, 미루지 말고 칭찬한다. 칭찬에도 타이밍이 중요하다. 아이는 시간이 지나면 자신이 무슨 일을 했는지 잊는 경우가 많으므로 칭찬받을 행동을 했을 때 바로 칭찬해 주는 것이 가장 효과적이다. 그래야 어떤 행동을 해야 칭찬을 받을 수 있는지 정확히 인지할 수 있다.

다섯째, 일관성 있게 칭찬한다. 칭찬에도 일관성이 필요하다. 아이의 똑같은 행동에 어떤 때는 칭찬하고, 어떤 때는 시큰둥하다면 아이는 혼란에 빠지게 된다. 그러므로 칭찬할 땐 주관적인 판단이나 순간의 기분에 좌우되지 않아야 하며, 특히 엄마와 아빠가 동일하게 칭찬해 주는 것이 중요하다.

아이가 스스로 자신의 일을 잘 해내길 바란다면 칭찬에 인색하지 않아야 한다. 잘한 일을 칭찬해 주었을 때 더욱 잘하려는 마음이 우러나기 때문이다. 칭찬하기와 칭찬받기에 익숙해지다 보면 엄마도 아이도 모두 즐거워진다.

주의할 점은 진정으로 하는 칭찬과 거짓된 칭찬은 확실히 구분되어야 한다. 잠깐 아이를 달래기 위해 하는 칭찬은 오히려 제대로 된 칭찬의 효과를 줄어들게 한다. 칭찬할 때는 아이를 안아 주거나 구체적인 말로 표현하되, 간식이나 금전 등으로 보상을 주는 일은 없도록 해야 한다.

칭찬하기

1. 목표
- 다른 사람을 칭찬하는 훈련을 한다.
- 잠재력을 발견하여 자신감을 갖는다.

2. 발달영역 : 사회성, 정서, 인지, 언어

3. 준비물 : 동화책, 돌고래 쇼 동영상이나 사진

4. 진행단계 및 과정

○ 도입

나도 칭찬받았어요.

😊 **엄마아빠** : 오늘은 칭찬받았던 것에 대해서 말해 봐요.
😀 **아이** : (엄마아빠에게 칭찬받았던 경험을 말하게 합니다)
😊 **엄마아빠** : 네, 좋아요. 칭찬을 받을 때 기분이 어땠나요?

☺ 아이 : (칭찬을 받았을 때 느낌을 들어 봅니다)

☺☺ 엄마아빠 : 네, 오늘은 칭찬에 대해서 이야기해 봐요. 오늘 리더십 시간에는 '친구들을 칭찬하는 어린이'에 대해서 할 거예요.

○전개

1) 칭찬이란?

☺☺ 엄마아빠 : 칭찬이란 뭘까요?

☺ 아이 : (아이 나름대로 생각하는 바를 자유롭게 이야기합니다)

☺☺ 엄마아빠 : 엄마아빠는 칭찬이란 '친구들의 좋은 점과 훌륭한 점을 높여 주는 것'이라고 생각해요. (칭찬카드를 준비합니다)

2) 동화를 들어봐요.

☺☺ 엄마아빠 : 엄마아빠가 이야기 하나 들려줄게요. (엄마아빠는 《칭찬은 고래도 춤추게 한다》의 내용 중 에피소드 한 가지를 들려줍니다)

주인공 '웨스'는 플로리다 출장 중에 Sea World 해양관에서 멋진 범고래 쇼를 보게 되고, 사람보다 훨씬 크고 힘으로는 절대 움직일 수 없는 3톤의 범고래를 다루는 비법이 궁금해지게 된다. 그리하여 범고래 조련사 '데이브'에게 그 비법을 물어보게 되고 데이브는 범고래를 움직일 수 있는 힘은 바로 긍정적인 관심과 칭찬 그리고 격려라는 사실을 알려 주게 된다.

😊😊 **엄마아빠** : ○○야! 데이브는 범고래에게 어떻게 했지요?

😀 **아이** : (아이가 생각하는 바를 자유롭게 이야기합니다)

😊😊 **엄마아빠** : 맞아요. 데이브는 고래에게 칭찬을 해 주었어요. 데이브는 왜 고래에게 칭찬을 해 주었을까요?

😀 **아이** : (아이가 느낀 바를 자유롭게 이야기합니다)

😊😊 **엄마아빠** : 아, 그렇군요. 칭찬은 커다란 고래를 춤추게 했어요!

3) 칭찬 훈련하기

😊😊 **엄마아빠** : 이번에는 데이브가 고래에게 칭찬한 것처럼 우리도 서로를 칭찬할 거예요. 서로 쳐다보면서 칭찬할 점을 찾아보세요. (엄마아빠가 먼저 시범을 보입니다. "엄마는 마음씨가 착하고, 머리도 예뻐요. ○○를 잘 가르쳐 주세요"라고 칭찬합니다)

😊😊 **엄마아빠** : 칭찬하는 걸 잘 봤지요? 이제 ○○도 엄마아빠의 좋은 점과 훌륭한 점을 찾아 칭찬할 것을 말해 보세요.

○ 마무리

소감 나누기

😊😊 **엄마아빠** : 상대방을 칭찬해 주었을 때 기분은 어떠했나요?

😀 **아이** : (아이가 느낀 대로 발표를 하고 엄마아빠는 이야기를 들어 주고 상대방의 좋은 점을 찾아 칭찬해 주는 어린이가 될 수 있도록 도와줍니다)

😊😊 **엄마아빠** : 칭찬을 받았을 때 기분은 어떠했나요? (칭찬 주인공의

소감을 듣습니다)

☺☺ 엄마아빠 : 우리도 고래처럼 칭찬을 받으면 더 잘할 수 있어요. 훌륭한 리더가 되기 위해서는 다른 사람을 칭찬하는 어린이가 되어야 해요.

○유의사항
－상대방을 칭찬할 때 장난으로 하지 않도록 합니다.
－엄마아빠는 다양한 칭찬의 내용이 나오도록 유도합니다.

협력(협동심)

이 시대에 요구되는 중요한 덕목 중의 하나

'협력'이란 '특정한 목적을 달성하기 위하여 서로 힘을 합하여 돕는 것'이다. 이와 비슷한 의미의 단어로 '협동'을 들 수 있다. 그리고 서로 힘을 더하고 나누는 마음을 '협동심'이라고 한다.

한자 '사람 인(人)' 자는 두 사람이 기대어 서 있는 모습을 나타내고 있다. 이는 사람은 혼자서는 살 수 없는 사회적 동물이라는 뜻이다. 옛날 우리 조상들도 두레 같은 공동 모임을 만들어 농사일을 함께하기도 하고 품앗이를 통해 서로 힘을 모으고 마음을 나누며 살아왔다. 혼자서는 할 수 없는 일도 여럿이 모이면 쉽게 해낼 수 있다는 것을 알고 있었기 때문이다. 오늘날에는 예전과 같은 정겨운 풍경을 찾아보기는 힘들지만, 변하지 않은 것은 더불어 살아가야 할 우리에게 협력과 협동(심)은 꼭 필요한 가치이자 덕목이라는 것이다.

누구나 좁게는 내 가정, 넓게는 한 국가의 구성원으로, 그 안에서 나 이외의 구성원과 함께 호흡하며 살아간다. 하지만 급변하는 사회의 속도에 발맞추어 아이, 부모 할 것 없이 모두 정신없이 살아가다 보니 내 가족을 벗어난 다른 누군가에게 관심을 가지며 함께 어울린다는 것은 쉽지 않은 일이 되었다. 게다가 외톨이로 자라는 아이들은 혼자서는 할 수 없는 일을 누군가와 함께해야 할 때 서로 이해하고 양보하고 배려하는 일에 서툴고, 마음을 나누는 일에도 인색하다. 그래서 요즈음 아이들에게 더더욱 필요한 것이 협동의 의미를 알고, 협동심을 키우는 일이다.

협동심은 나와 다른 사람이 마음을 합쳐 서로 돕는 것이다. 그러나 누구나 처음부터 협동심을 가지고 태어나지는 않는다. 살아가는 동안 배우고 키워야 하는 것이다. 함께 어우러져 나만 살아갈 수 없는 세상인 만큼 협동심은 이 시대에 요구되는 중요한 덕목 중 하나라고 볼 수 있다.

일반적으로 협동심이 있는 아이는 다른 사람들과 어울려 사는 법을 잘 알고 있기 때문에 사회성이 높고, 남을 도울 줄 알며, 친절을 베풀 줄 안다. 또한 다른 사람들이 어려운 일에 처했을 때 먼저 나서서 도울 줄도 알고, 반대로 다른 사람들의 도움을 이끌어 내는 방법도 잘 알고 있다. 그래서 협동심이 있는 아이들 중에는 리더십이 뛰어나고 인간관계의 폭이 넓어 소속된 집단의 지도자로 뽑힐 가능성이 높다.

원에서 학부모 개별상담을 하다 보면 우리 아이가 리더로 뽑혔으면 하는 바람을 가지고 있는 부모들이 꽤나 많음을 알 수 있다. 리더십의 근간에는 바로 이런 우리 아이에게 협동심이 있다는 사실을 잘 알고, 자녀의 협동심을 키워 줄 수 있는 방법을 생각해 보는 것이 좋을 것 같다.

현대 사회에서 다른 사람과 협력하고 함께하고자 하는 태도를 배운 아이는 경쟁적이고 이기적인 아이보다 훨씬 성공할 가능성이 많다. 따라서 부모는 자녀가 문제 해결 과정을 통해 스스로 문제를 해결할 수 있도록 도와주는 '촉진자'나 '격려자'의 역할을 하며, 자녀에게 협동심의 모델이 될 수 있다.

　가정에서 자녀의 협동심을 키워 주는 사례 한 가지를 소개한다. 일반적으로 부모들은 집안의 잔일을 과소평가하는 경우가 많다. 식탁을 치우거나 설거지를 돕고, 방 청소하는 것들은 말 그대로 잔일이어서 시시하게 평가하곤 한다. 그러나 현명한 부모는 집안의 잔일이 얼마나 자녀의 교육에 소중한 것인가를 잘 안다. 집안의 잔일을 함께하게 되면 혼자 할 때보다 많은 효과를 얻을 수 있다는 것을 아이들 스스로 깨닫게 된다. 혼자서 하면 한 시간씩은 걸리는 것을 함께하면 10분 만에도 끝낼 수 있다는 사실을 깨닫게 될 것이다. 누군가의 도움을 받게 되면 고마워서 자기도 돕게 된다. 그러면서 협동심을 키워 나가게 되고, 협동심이 습관화 되면 나중에 성장해서 사회생활 하는 데 많은 도움이 될 것이다.

아이랑 엄마아빠랑 이렇게 해 봐요!
함께 그리기

1. 목표
- 협동심을 향상시킨다.
- 작품완성을 통해 성취감을 경험한다.

2. 발달영역 : 사회성, 인지, 언어

3. 준비물 : 전지, 크레파스

4. 진행단계 및 과정

○ 도입

둘이서 해 봐요.

😊😊 **엄마아빠** : 오늘은 풍선 놀이를 할 거예요. 엄마아빠랑 짝을 만들어 보세요. 짝꿍이랑 가슴에 풍선을 대고 목표물까지 돌아오는 거예요. (풍선을 떨어뜨리면 주워서 다시 시작합니다)

😊😊 엄마아빠 : (순서대로 모두 끝난 후) 어떻게 풍선을 떨어뜨리지 않았나요? (풍선을 떨어뜨리지 않은 아이의 이야기를 듣습니다)

😊😊 엄마아빠 : 네, 좋아요. 힘과 마음을 합쳤기 때문에 풍선을 떨어뜨리지 않고 목표물까지 돌아올 수 있었군요. 오늘 리더십 시간에는 '친구와 협동하는 어린이'에 대해서 할 거예요.

○전개

1) 협동이란?

😊😊 엄마아빠 : 협동이 뭐예요? 어떻게 하면 협동할 수 있을까요?

😊 아이 : (아이 나름대로 생각하는 바를 이야기합니다)

😊😊 엄마아빠 : 네, 좋아요. 엄마아빠는 협동이란 '서로 마음과 힘을 합하는 것'이라고 생각해요.

2) 함께 그려요.

😊😊 엄마아빠 : 이 시간에는 협동화를 그릴 거예요. 큰 도화지 한 장에 우리가 함께 그림을 그릴 거예요. 혼자서 마음대로 그리는 것이 아니라 엄마아빠와 마음과 힘을 합해서 그려요.

(밑그림이 그려진 도화지와 크레파스를 나누어 줍니다)

😊😊 엄마아빠 : 이제 좋아하는 색깔의 크레파스를 2개씩만 고르세요. (이때 좋아하는 색깔이 겹칠 경우 서로 조정할 수 있도록 지도합니다)

그럼, 자기가 고른 크레파스만 사용해 색칠을 해 보겠어요. (각자 크레파스로 어느 부분을 칠하면 좋을지 의논합니다. 다른 색깔이 필요할 때 서로에게 도움을 요청합니다.

😊 아이 : (모두 모여 그림을 그립니다.)

3) 그림으로 말해요.

😊😊 엄마아빠 : ○○가 그림에 대해서 설명해 볼까요?

😊 아이 : (아이가 그림을 설명합니다.)

😊😊 엄마아빠 : 함께 그림을 그릴 때 좋았던 것은 무엇이었나요? 그림을 그릴 때 어떻게 협동을 했나요?

😊 아이 : 엄마는 머리를, 아빠는 다리를 나누어서 색칠을 했어요.

😊😊 엄마아빠 : 모두 협동해서 잘했군요. 그런데 혹시 다른 사람이 색칠할 때 마음에 들지 않아 화가 난 적은 없었나요?

😊 아이 : 네, 저는 머리를 금발로 칠하고 싶었는데 엄마가 검은색으로 칠해서 속상했어요.

😊😊 엄마아빠 : 그렇다면 누가 가장 열심히 협동했나요?

😊 아이 : ○○이요.

○ 마무리

소감 나누기

😊😊 엄마아빠 : '둘이서 해 봐요' 풍선 놀이를 할 때 기분은 어떠했나요?

😊 아이 : (아이가 느낀 대로 이야기합니다.)

😊😊 엄마아빠 : 협동화를 그릴 때와 혼자서 그림을 그릴 때는 어떻게 달랐나요?

😈 아이 : 색칠을 할 때 내 마음대로 하지 않고 다른 사람들의 생각을 존중했어요.

○유의사항
- 도입 활동에서 풍선을 떨어뜨렸을 때 협력하는 행동을 관찰합니다.
- 협동화 그리기에서 크레파스를 선택하는 방법, 다른 사람에게 색칠을 요청하는 과정에서의 협력하는 행동을 관찰합니다.

경청

경청은 세상을 풍요롭게 하는 삶의 지혜

경청(傾聽)이란 '주의를 기울여 남의 말을 듣는 것'이다. 즉, 상대방과 한마음이 되어 온몸으로 공감하며 듣는 것이다. 더불어 상대의 말을 듣기만 하는 것이 아니라, 상대방이 전달하고자 하는 말의 내용은 물론이며, 그 내면에 깔려 있는 동기(動機)나 정서에 귀를 기울여 듣고 이해된 바를 상대방에게 피드백(feedback)하여 주는 것을 말한다.

미래학자인 톰 피터스(Tom Peters)는 "20세기가 말하는 자의 시대였다면, 21세기는 경청하는 리더의 시대가 될 것이다"고 했다. 또《성공하는 사람들의 7가지 습관》의 저자인 스티븐 코비(Stephen R. Covey)는 "성공하는 사람과 그렇지 못한 사람의 대화 습관엔 뚜렷한 차이가 있다. 그 차이를 단 하나만 들라고 한다면, 나는 주저 없이 '경청하는 습관'을 들 것이다"고 역설했다.

고금을 막론하고 이야기하는 것이 쉬울까, 듣는 것이 쉬울까? 대부분 사람들은 이야기하는 것이 듣는 것보다 쉽다고 대답할 것이다. 공자는 사람이 태어나서 말을 배우는 데는 대략 2년이 걸리지만 침묵을 배우는 데는 60년이라는 시간이 걸린다고 했다. 그만큼 듣는다는 것이 어렵다는 이야기다. 어렵고 힘든 만큼 경청의 힘은 실로 엄청나다. 이러한 경청의 중요성은 나날이 증가하고 있다. 그렇기에 리더는 반드시 경청하는 법을 배워야 한다.

그러면 경청은 어떻게 하는 것이 좋은가? 경청의 여러 종류에서도 특히 공감적 경청이란 말이 있다. 즉, 자기의 귀와 눈 그리고 온 가슴을 활짝 열고 상대방의 말을 충분히 공감하며 상대방이 하는 말의 90%이상을 충분히 들을 수 있는 경청을 말한다.

경청은 두 가지 의미를 가진다고 할 수 있다. 첫 번째는 타인의 이야기, 대화를 존중하는 마음으로 듣는 것을 말한다. 두 번째는 타인의 이야기, 대화를 귀 기울여 듣는 것을 말한다. 즉, 경청이란 상대방과 대화를 하거나 이야기를 할 때, 그들이 하는 말을 존중하는 마음을 갖고 귀 기울여 듣는 것을 말한다. 요컨대 듣는다는 것, 그것은 제대로 집중해서 들어야 함을 의미한다. 상대의 표정, 눈빛, 태도, 손동작, 움직임 등을 하나하나 파악하면서 들어야 한다. 그래야만 말하는 상대의 생각과 마음을 이해하고 공감하고 읽어 낼 수가 있다. 사람은 무언가 뜻을 이루려면 그 사람의 마음을 움직여야 한다.

말하는 것은 '기술'이지만 듣는 것은 '예술'이라는 말이 있다. 우리는 살아가면서 듣는 능력에서 예술의 경지에 이른 사람을 종종 만나게 된다. 그들은 말은 잘 못해도 오직 듣는 것으로만 사람의 마음을 움직인다. 귀와 머리가 아닌, 가슴과 심장으로 듣는다. 그 어떤 계산과 이익을 배제한 채, 진심을 다해 마음으로 경청하는 자들이다.

사람들이 진정으로 원하는 것은 자기 말을 진정으로 잘 들어 주고 자기를 존중해 주며 이해하는 것이다. 많이, 정확하게, 그리고 깊이 있게 듣는 능력이야말로 상대방의 마음속에 자신의 존재감을 심을 수 있는 가장 원초적인 힘이다. '이청득심(以聽得心)'이라는 말이 있다. 상대를 존중하고 귀 기울여 경청하는 일은 사람의 마음을 얻는 최고의 지혜라는 뜻이다. 사람의 마음을 얻고 뭔가 하고 싶다는 의욕을 불러일으키는 힘, 그것은 바로 경청하는 리더가 가져야 할 태도다.

간혹 원에서 또래들과 대화하는 아이들의 모습을 보면 주거니 받거니 하며 이야기를 나누는 것보다 자기 주장만 목소리를 높이거나 성급하게 남의 말을 자르고 끼어드는 경우를 볼 수 있다. 가정에서도 마찬가지로 마음을 열고 서로의 이야기에 귀 기울이는 대화보다는 '이거 해라, 저거 해라'라는 명령만 듣기 일쑤인 우리 아이들에게 마음의 문을 열고 친구, 가족의 이야기에 귀 기울이는 경청의 힘이 필요하다는 것을 알려 주고 싶다. 친구가 친구에게, 부모는 아이에게, 아이는 부모에게 자세를 낮추고 서로의 이야기에 귀 기울이려는 노력이 필요하다. 가정이든 사회에서든 상대의 이야기에 귀 기울일 줄 모르면서 상대가 나를 이해하기를 기대하기는 힘들기 때문이다.

우리는 내 말이 잘리면 기분 나빠하면서 상대방의 말을 자르는 데는 매우 익숙하다. 누구나 내 말을 소중히 듣고, 공감해 주는 사람을 좋아한다. '존중'받는 느낌이 들기 때문이다. 귀 기울여 들으면 사람의 마음을 얻을 수 있다. 이렇듯 경청은 역지사지(易地思之)의 마음으로 상대방 말에 귀를 기울이고, 그 속에 담긴 아픔까지도 받아들이는 여유로운 마음이다. 경청은 상대방 존중의 시작과 끝이며 세상을 풍요롭게 하는 삶의 지혜이다. 경청하면 소통되고 서로 통하면 행복해지기 때문이다.

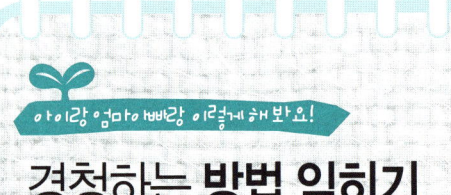

경청하는 **방법 익히기**

1. 목표
   - 타인의 말에 경청하는 방법을 배운다.
   - 자기소개를 한다.

2. 발달영역 : 사회성, 인지, 언어

3. 준비물 : 도화지, 크레파스

4. 진행단계 및 과정

O 도입

손동작을 배워요.

'코! 코! 코!' 게임을 2회 정도하며 아이의 주의를 집중시킵니다.

😊😊 엄마아빠 : 귀는 뭐하는 데 필요한 기관이에요?

☀ 아이 : (아이의 생각하는 바를 자유롭게 이야기합니다)

☺☺ 엄마아빠 : 맞아요! 귀는 다른 사람들의 이야기를 듣는 데 사용하지요. 오늘은 '나는 훌륭한 리더입니다'의 리더십 시간에 '친구의 말을 잘 듣는 어린이'에 대해서 할 거예요.

○전개

1) 경청이란?

☺☺ 엄마아빠 : '친구의 말을 잘 듣는 것'을 경청이라고 해요. 어떻게 하면 친구의 말을 잘 들을 수 있을까요?

☀ 아이 : (생각하는 바를 자유롭게 이야기합니다)

☺☺ 엄마아빠 : 참 잘했어요. 엄마아빠 생각에 친구의 말을 잘 듣는 건

첫째, 친구를 잘 쳐다보는 거예요. (눈을 쳐다봅니다)

둘째, 조용히 끝까지 들어요. (중간에 끼어들지 않고 말을 자르지 않습니다)

셋째, 내용을 생각하며 들어요.

넷째, 고개를 끄덕이며 들어요. (귀로만 듣는 것이 아니라 몸으로 들어요)

다섯째, 이해가 안 되면 질문을 해요. (손들고 질문을 합니다)

(경청태도 다섯 가지를 준비합니다. 경청태도를 잘 정리한 후 다시 한 번 반복합니다)

2) 잘 들어 봐요. (경청훈련)

☺☺ 엄마아빠 : 자, 지금은 자기소개를 한번 해 볼까요. 자기소개를 할

때는 규칙이 있어요. 자기 이름, 좋아하는 동물, 좋아하는 과일, 좋아하는 색깔에 대해서 소개해 주세요. 엄마아빠가 먼저 할게요.

"나는 ○○입니다. 제가 좋아하는 동물은 ○○이고, 좋아하는 과일은 ○○이고, 좋아하는 음식은 ○○입니다."

😊😊 엄마아빠 : 방금 엄마아빠가 자기소개한 것을 해 볼까요? 들은 대로 이야기해 보세요.

😊 아이 : 나는 ○○입니다. (이어 엄마아빠가 발표한 내용을 들은 대로 발표합니다)

😊😊 엄마아빠 : 좋아요. 참 잘했어요. 훌륭한 리더가 되기 위해서는 다른 사람의 말을 잘 들어야 해요. 다른 사람의 말을 잘 듣기 위해서는 어떻게 해야지요?(훌륭한 리더가 되려면 친구들이 이야기할 때 잘 들어야 함을 강조합니다)

○마무리

소감 나누기

😊😊 엄마아빠 : 오늘 경청하는 방법에 대해서 배웠어요. 경청은 어떻게 해야 할까요?

😊 아이 : (느낀 대로 자유롭게 발표합니다)

○유의사항

−자기소개를 할 때 아이가 상대방 말에 경청할 수 있도록 분위기를 집중시킵니다.

도덕성
유아기에 기초가 형성되는 도덕성

'인간이 지켜야 할 도리나 바람직한 행동 규범'을 도덕(道德)이라고 하며 이러한 품성을 도덕성이라고 한다. 도덕성은 하루아침에 길러질 수는 없다. 도덕은 연습에 의한 결과이고, '판단', '의사결정', '의지' 등의 복잡한 심리적·정신적 과정을 거친 행동이라는 것을 전제하고 도덕성에 접근해야 한다.

일반적으로 도덕성은 유아기에 그 기초가 형성된다. 유아기에 옳고 그름의 판단은 가장 먼저 부모로부터 영향을 받는다. 또한 자라면서 여러 사람들과의 접촉을 통해서 자신의 행동을 평가할 수 있는 기회를 갖게 되는 것이다. 유아는 이런 과정을 통해 옳고 그른 것에 대한 사회적 기준을 배우고, 인정이나 보상을 기대하며 사회적 규준에 맞게 행동하려고 한다.

이런 맥락에서 유아기부터 도덕성을 배워야 한다. 아직 사고 능력이 유연하지 못한 유아기 단계에서는 절대적 규칙으로 도덕성을 알려 주는 것도 필요하다. 그래야 아이도 혼란스러워하지 않고 쉽게 배울 수 있다. 이는 도덕적 규칙이 단순해야 쉽게 배우고 이해되기 때문이다. 규칙이 상황에 따라 다양하게 적용된다면, 아이가 이해하기에는 너무 복잡하고 어려운 규칙이 되기 때문이다.

도덕성은 옳고 그름을 판단할 수 있는 능력이며 남에게 부끄럽지 않게 행동하는 것이고 대인관계에서 남의 입장을 공감하고 배려하는 마음, 그리고 마지막으로 자신의 욕구나 감정을 조절하는 자제 능력을 포함한다. 그리고 이러한 도덕성은 대부분 아이들이 부모를 통해 학습하고 부모의 감정, 사고, 행동, 말투까지 닮게 되어 아이의 성장 과정에서 매우 중요한 요소로 작용된다.

도덕성이 높은 아이들에게 보이는 공통적인 특성은 낙관성, 긍정성, 높은 만족도, 희망 그리고 높은 좌절 극복 의지다. 다시 말하면 좌절을 극복하게 하려면 도덕성을 높여야 한다는 것이다. 낙관적이고 긍정적이며 자신의 삶에 만족하고 희망적인 아이로 키우기 위해서는 도덕적인 아이로 만드는 것이 선행되어야 한다.

유아의 도덕성 발달에는 부모의 일관성 있는 태도와 언행의 일치가 중요하다. 일관적이지 못한 태도는 유아의 도덕적 판단에 혼동을 줄 수 있기 때문이다. 유아가 잘못했을 경우는 무조건 야단치지 말고 어떤 것이 옳은지 아이에게 이야기해 주는 것이 좋으며, 행동의 결과보다 행동의 동기를 생각할 수 있는 질문을 하는 것이 좋다. 예를 들면 "왜 그렇게 행동했니?"처럼 행동의 동기에 초점을 둔 질문은 유아에게 행동의 동기 측면도 생각해 볼 수 있는 기회가 된다. 이런 일상적 경험을 통해 옳고 그름의 기준을 내면화할 수 있다.

이와 함께 전래동화 등 권선징악에 대한 동화를 들려주고 도덕적 상황에서 왜 그런 것이 옳은 일인지, 왜 잘못되었는지를 유아와 함께 토론하는 기회를 가지는 것이 필요하다. 이때 유아가 이해하는 수준에서 옳고 그름을 이야기해야 한다.

한편 잘못을 저질렀을 때 그것을 인정하는 태도도 도덕성의 중요한 기초가 된다. 중요한 점은 이 또한 아이가 어릴 때부터 엄마의 행동을 보며 은연중에 배운다는 사실이다. 아이에게 잘못을 했을 때는 "미안해. 아까는 엄마가 너무 심하게 화를 냈어"라는 말로 잘못을 진심으로 시인하는 모습을 보이는 게 좋다. 아이가 친구에게 실수를 했을 때도 엄마가 대신 나서서 사과해서는 안 된다. 아이 스스로 자신의 행동에 책임을 질 수 있도록 친구에게 직접 사과하고 해결할 기회를 줘야 한다는 걸 잊지 말자.

아이랑 엄마아빠랑 이렇게 해봐요!
고운 말을 해요

1. 목표
- 말의 힘에 대해 이해한다.
- 고운 말을 사용하는 훈련을 한다.

2. 발달영역 : 언어, 인지, 정서, 사회성

3. 준비물 : '말의 힘' 동영상 자료

4. 진행단계 및 과정

○ 도입

말도 힘이 있어요.

😊 엄마아빠 : 우리 서로에게 '고마워요'라고 말해요. 기분이 어떤가요?

😊 아이 : (아이가 느낀 기분을 들어 봅니다)

😊 엄마아빠 : 이번에는 서로에게 '짜증 나'라고 말해요. 기분이 어떤

가요?

😊 아이 : (아이가 느낀 기분을 들어 봅니다)

😊😊 엄마아빠 : 그래요. 말은 우리의 기분을 좋게도 하고 나쁘게도 해요. 오늘 리더십 시간에는 '고운 말을 사용하는 어린이'에 대해서 할 거예요.

○전개

1) 도덕성이란?

😊😊 엄마아빠 : 도덕성이란 '사람들이 지켜야 할 바람직한 말이나 행동'입니다. 이제 고운 말을 사용하기 위해서 동영상을 함께 보기로 해요.

2) 동영상 '말의 힘' 시청하기

😊😊 엄마아빠 : 말의 힘에 관련된 동영상을 함께 보기로 해요.

(동영상 시청 후)

😊😊 엄마아빠 : '고맙습니다'라고 말해 준 쌀밥은 어떻게 변했지요? 그리고 '짜증 나'라고 말해 준 쌀밥은 어떻게 변했지요?

😊 아이 : (동영상을 본 후 아이의 생각을 들어 봅니다)

😊😊 엄마아빠 : 우리는 어떤 말을 하고 싶나요?

😊 아이 : (아이의 의견을 들어 봅니다)

😊😊 엄마아빠 : '고맙습니다'와 '짜증 나'라고 붙인 밥을 가져왔어요. 오늘부터 한 달 동안 실험을 해 볼 거예요.

3) 고운 말 쓰기 훈련

😊😊 엄마아빠 : 우리가 할 수 있는 좋은 말은 어떤 것이 있을까요?
(아이가 발표한 좋은 말들을 칠판에 기록합니다)

😊😊 엄마아빠 : 서로 좋은 말을 연습해 보세요.

😊 아이 : (아이와 서로 좋은 말을 나누는 시간을 갖습니다)

😊😊 엄마아빠 : 좋은 말을 들었을 때 기분이 어땠나요? 앞으로 엄마아빠와 친구들에게 항상 고운 말을 사용하는 훌륭한 리더가 되었으면 좋겠어요.

○ 마무리

확장활동

😊😊 엄마아빠 : 오늘은 어떤 말을 하느냐에 따라 밥의 모양이 달라지는 것을 보았어요. 우리가 어떤 말을 하느냐에 따라 엄마아빠의 기분이 달라질 거예요. 엄마아빠에게 기분 좋은 말을 사용하도록 해요.

○ 유의사항

- 동영상을 시청한 후 가능한 많은 소감을 말하도록 유도합니다.

친절 리더십
친절, 자신은 물론 이끄는 사람들을 신뢰하는 것

친절의 사전적 풀이는 '남을 대하는 태도가 매우 친근하고 다정함'이다. 우리는 어렸을 때부터 모두에게나 친절해야 한다고 배우면서 자랐다. 하지만 점점 커가면서 이런 생각은 잊어버리고 친절을 베풀 시간도 없이 바쁘게 살아간다. 그러나 '친절'이란 우리가 타인에게 베푸는 행위일 뿐 아니라 자신에게 베푸는 행위이며, 삶을 성공으로 끌어올리는 도구이기도 하다.

사실 유아들에게 친절이란 개념을 이해시키고 적용하는 것은 쉬운 일이 아니다. 그러나 어렸을 때부터 친절한 행동을 습관화하는 방법을 익히게 하고 또래와의 친근감을 형성하여 친사회적 행동을 발달시키는 것은 장차 성인이 되어 긍정의 힘으로 소통하고 미래를 변화시키는 리더가 되기 위해서는 꼭 필요한 항목이다.

유태인의 경전인 탈무드에서는 "똑똑하기보다는 친절한 편이 낫다"고 했으며, 톨스토이는 "친절은 세상을 아름답게 하고 모든 비난을 해결한다. 얽힌 것을 풀어헤치고 곤란한 일을 수월하게 하고 암담한 것을 즐거움으로 바꾼다"고 했다.

또한 아리스토텔레스는 "그릇이 큰 사람은 남에게 호의와 친절을 베풀어 주는 것을 자신의 기쁨으로 삼는다. 그리고 자신이 남에게 의지하고 남의 호의를 받은 것을 부끄럽게 생각한다. 즉, 내가 남에게 베푸는 친절은 그만큼 자신이 그 사람보다 낫다는 얘기가 되지만, 남의 친절을 바라고 남의 호의를 받는 것은 그만큼 내가 그 사람보다 못하다는 의미가 되는 까닭이다"고 친절의 중요성을 강조했다.

우리 사회는 친절한 리더를 원한다. 친절한 리더는 인간성을 일깨우고, 품위 있게 만들며, 주변 사람들의 능력을 향상시킨다.

소통과 신뢰를 바탕으로 현실을 제대로 제시하고 미래의 희망을 제시하는 리더를 원하는 것이다. 이와 함께 친절한 리더는 진실을 말한다. 흔히 리더가 저지르는 실수는 진실을 왜곡하는 것이다. 친절한 리더는 현실을 정확히 직시하며, 가능성 있는 미래를 제시한다. 그리고 성장할 수 있도록 격려한다.

오늘날 다양화된 사회에서 독단적인 리더의 리더십을 따르기란 힘들다. 사람들과 소통함으로써 그들의 신뢰를 얻어야 모든 사람들이 원하는 리더십을 보여 줄 수 있으며, 리더로서 존경을 받을 수 있다. 이때 리더들에게 필요한 자질이 바로 '친절'이다. 사람들이 무엇을 원하는지 제대로 파악하기 위해서는 그들의 감정을 파악하는 것이 우선되어야 한다. 그리고 다른 사람들의 입장에서 생각했을 때 제대로 된 리더십이 발휘되는 것이다.

오늘날 개인이나 조직이 최고의 성과를 거두도록 생산성을 증진시키는 리더십 기술의 핵심은 '친절'이라고 할 수 있다. 사회적 네트워크는 감성적 공감대를 토대로 형성된다. 이 감성적 공감대가 성공에 큰 영향을 미치는 것이다. 이를 위해서 리더는 '친절함'을 갖춰야 한다. 친절함에는 동정심과 성실성, 자신의 성공을 다른 사람의 도움에서 비롯되었다고 생각하는 감사하는 태도, 진실성 등이 요구된다.

간혹 리더가 친절하면 소심해 보이거나 지식, 용기, 강인함, 설득력 대신 '선함'에 의존하여 유능한 리더가 될 수 없다고 생각할 수도 있다. 이런 이유로 친절함을 리더십을 개발하는 특성에서 쉽게 무시하는 경우도 있다. 하지만 위대한 리더라고 손꼽히는 사람들을 보면 '친절함'을 리더십의 특성으로 개발시키고 있다. 친절한 리더는 자신은 물론 자신이 이끄는 사람들을 신뢰하는 것이기 때문이다.

아이랑 엄마 아빠랑 이렇게 해봐요!
친구와 친해지기

1. 목표
- 친절에 대해 이해하고 훈련한다.
- 미소 짓는 훈련을 한다.

2. 발달영역 : 신체, 정서, 사회성, 언어

3. 준비물 : '친구야 사랑해' 동요 CD, 동영상 자료

4. 진행단계 및 과정

○ 도입

다정하게 인사해요.

😊😊 엄마아빠 : 오늘은 게임을 하나 할 거예요. 우리 모두 원을 만들어요. 음악에 맞추어 돌다가 음악이 멈추면 좋아하는 사람을 찾아가 안아 주면서 다정하게 인사해요. ("나는 항상 웃어 주는 엄마가 좋아요" 하며 꼭 안아 주

면서 시범을 보입니다) 자, 준비됐나요?(음악에 맞추어 2~3회 반복합니다)

○전개

1) 친절이란?

😊😊 **엄마아빠** : 오늘 리더십 시간에는 '친구에게 친절하게 대해 주는 어린이'에 대해서 할 거예요. 어떤 어린이가 친절한 어린이인가요?

😊 **아이** : (아이 나름대로 생각하는 바를 자유롭게 이야기합니다)

😊😊 **엄마아빠** : 네, 좋아요. 친절이란 '다른 친구들에게 친근하고 다정하게 하는 거'예요. 엄마아빠는 '항상 어려운 친구를 도와주고, 먼저 인사를 하고, 항상 미소 짓고, 화를 내지 않는 친구가 친절한 어린이'라고 생각해요.

2) 친절한 미소 짓기 연습

😊😊 **엄마아빠** : 친절한 어린이가 되기 위해 미소 짓는 연습을 해 봐요. 엄마아빠를 따라 해 보세요. (에잇! 하고 인상을 쓴 후 조금 있다가 표정을 바꾸어 미소를 지어 보입니다) 엄마아빠의 어떤 모습이 좋았어요?

😊 **아이** : (아이가 느낀 바를 자유롭게 이야기합니다)

😊😊 **엄마아빠** : 좋아요. 웃는 모습을 위해 이제 미소 훈련 동영상을 보면서 미소 짓는 연습을 따라 해요. (인터넷에서 미소 짓는 방법에 관한 동영상을 보여 줍니다) 미소를 짓게 되면 다른 사람들이 친절하고 다정하다고 생각해요.

3) 과제

😊😊 엄마아빠 : 친절한 행동 한 가지씩 하기로 해요. 어떤 것을 할 수 있을까요?

😊 아이 : (아이가 생각하는 바를 자유롭게 이야기합니다)

😊😊 엄마아빠 : 할머니, 할아버지한테 안마해 드리기, 다리 주물러 드리기도 친절한 행동이라고 생각해요.

훌륭한 리더가 되기 위해서는 친구들과 부모님에게 친절한 어린이가 되어야 해요.

○ 마무리

소감 나누기

😊😊 엄마아빠 : 게임을 하면서 서로 꼭 안아 주었을 때 어떤 느낌이 들었어요?

😊 아이 : (아이가 각자 느낀 대로 발표를 하고 엄마아빠는 친절하고 다정하다고 느꼈는지 확인합니다)

😊😊 엄마아빠 : 동영상을 보았을 때 어떠했나요?

😊 아이 : (아이가 느낀 바를 자유롭게 이야기합니다)

😊😊 엄마아빠 : 미소 짓는 연습을 통해 예쁘게 미소를 짓는 어린이가 될 수 있어요.

11장

영유아기에 '기본 신뢰감'을 길러 주자

신뢰

자녀양육에서 가장 중요한 것은 무엇일까? 자녀를 훌륭하게 키워 낸 부모들이 쓴 책을 보거나, 또는 여러 심리학자들의 주장을 들어 보거나, 수많은 위인전기를 읽어 보면 그것은 바로 부모의 신뢰(信賴)다. 신뢰는 타인의 미래 행동이 자신에게 호의적이거나 또는 최소한 악의적이지는 않을 가능성에 대한 기대와 믿음을 말한다.

유아기는 신체적으로나 정신적으로 변화가 많은 시기다. 이 시기에는 이유(離乳), 대소변 가리기, 걷기, 언어의 시작 등 중요한 학습이 이루어지며, 이런 과정을 겪으면서 부모와 유아 사이에 긴밀한 유대감이 형성된다. 부모가 아이의 배고픔, 목욕, 기저귀 갈아 주기 등의 욕구를 채워 주면서 아이는 부모에게 애착을 가지고 신뢰하게 된다.

E.에릭슨(Erikson)은 유아기에 어머니와의 사이에 형성된 신뢰감이 이후 다른 사람과의 신뢰감 형성의 기반이 되며, 이 시기에 신뢰감을 형성하지 못하면 유아의 사회성 발달에 장애가 된다고 주장한 바 있다. 부모의 신뢰를 받고 자란 아이는 자신감이 충만하다. 모든 아이는 부모에게 신뢰받기를 원한다. 부모가 건네는 신뢰가 담긴 한마디 말, 한줄기 눈빛, 손짓, 미소는 모두 아이에게 무궁무진한 힘을 보태 주기 때문이다.

발달 심리학에서는 아이가 태어난 후 첫 1년 동안의 심리 발달 중 가장 중요한 과업을 '세상을 믿고 신뢰하는 것'이라고 한다. 이를 '기본 신뢰감(basic trust)'이라고 하는데, 이 기본 신뢰감은 출생 후 첫 해에 가장 많이 형성되는데, 그러기 위해서 일차적으로는 엄마를 향한 신뢰감부터 쌓는 것이 중요하다.

기본 신뢰감은 아이가 사회의 구성원으로서 살아나가는데 필요한 인간관계의 기초가 되는 것이다. 기본 신뢰감이 안정적으로 쌓이게 되면 차차 범위를 넓혀 세상 전반에 대한 신뢰감으로 발전하게 된다. 따라서 어릴 때부터 탄탄한 기본 신뢰감을 구축할 수 있도록 도와야 한다. 밤이면 아이 곁에 누워 익숙한 엄마 냄새를 맡으며 정서적으로 안정되게 숙면을 취하는 것, 따스한 손길로 등을 토닥이며 어루만져 주는 것, 나른한 목소리로 꿈결 같은 자장가를 들려주는 것이 중요하다.

시대가 아무리 변하고, 사람들의 가치관이 달라졌다고 하지만 자신에 대한 믿음과 신뢰를 저버리는 사람은 없을 것이다. 그런데 안타까운 사실은 우리 시대와 사회와 문화가 사람들 사이의 신뢰를 많이 잃어버리게 했다. 심지어 부모와 자녀 사이에서도 그렇다.

원에서 학부모 개별상담을 하는 과정에서 간혹 자녀에 대한 근본적인 불신이 있는 부모를 접하는 경우가 있다. 이런 경우에는 어떤 방법도 소용이 없다. 자녀를 대하는 부모님들 마음에 불신과 부정의 마음이 사라지지 않는 한, 부모와 자녀 사이의 갈등은 지속될 수밖에 없기 때문이다. 부모의 신뢰가 중요한 것은 아이들에게 부모는 첫 번째 대인관계이며, 자신의 삶의 전권을 쥐고 있는 전능한 존재로 비춰지기 때문이다.

자녀양육의 목적은 자녀로 하여금 행복한 삶을 살도록 돕는 것이다. 자녀가 성공해서 돈을 많이 벌고, 유명한 사람이 되는 것도 좋지만 그보다는 이 세상에서 행복하게 사는 것이 부모로서도 가장 바라는 일일 것이다. 주변 친구들보다 떨어지고 뒤처질까 봐 자녀의 뜻과 상관없이 자녀에게 일방적으로 대하는 부모는 정작 중요한 것을 놓치고 있지 않은지 냉철하고 심각하게 생각해 볼 일이다.

따뜻한 사랑을 **나누어요**

아이랑 엄마아빠랑 이렇게 해봐요!

1. 목표
- 바자회를 통해 손님과 주인 간의 신뢰를 배운다.
- 기부 문화를 통해 어려운 이웃과 함께하는 마음을 갖는다.

2. 발달영역 : 신체, 언어, 인지, 사회성

3. 진행단계 및 과정

○ 도입

바자회 방법을 소개해요.

😊😊 **엄마아빠** : 어려운 이웃을 돕기 위한 바자회를 열기로 했죠? 사용하지 않은 물건을 기증하기로 했어요. 가격을 함께 결정해 볼까요?

😀 **아이** : (가격 형성의 이유를 함께 고민해 정하도록 합니다)

○ 전개

1) 바자회 규칙 정하기

😊😊 엄마아빠 : 그럼 이제 멋진 바자회를 위해 규칙을 정해요.

😊 아이 : (아이가 의견을 자유롭게 말하도록 합니다)

😊😊 엄마아빠 : 바자회 진행을 순조롭게 하려면 질서를 잘 지켜야 해요. 줄도 잘 서고, 친구가 사려는 물건을 뺏어도 안 되겠지요. 그리고 구입한 물건은 봉투에 담아서 보관해야 해요.

2) 역할 정하기

😊😊 엄마아빠 : 물건을 사는 사람과 물건을 파는 사람을 정해요. (10분 활동 후 역할을 바꿉니다)

○ 마무리

소감 나누기

😊😊 엄마아빠 : 바자회의 규칙을 잘 지켰나요?

😊 아이 : 내가 사고 싶은 걸 사서 기분이 좋았어요. 근데 내가 사려는 물건을 다른 사람이 먼저 사겠다면서 날 밀었어요.

😊😊 엄마아빠 : 규칙을 잘 지키는 어린이가 되었으면 좋겠어요.

○ 유의사항

- 역할을 바꾸어 물건을 사고팔 때 지켜야 할 규칙을 습득하도록 합니다.

똑똑한 아이 & 똑바른 아이

리더십에 대한 관심이 나날이 커지고 있다. 리더십이란 다른 사람들 앞에 자신 있게 나서는 능력은 물론 바람직한 인간관계를 형성하고 그 속에서 스스로의 삶을 이끄는 주체가 되는 능력을 말한다. 리더십 있는 사람은 하나의 조직을 이끌고, 더 나아가 새로운 변화를 일으킬 수 있는 중요한 역할을 하기에 오늘날 우리 시대가 원하는 인재상이라 볼 수 있다.

근래 기업에서뿐만 아니라 개인에게도 리더십 교육에 대한 관심이 증가하고 있는데, 이러한 흐름에 발맞추어 대학의 입학사정 관제도에서도 리더십 특별전형이 시행되고 있으며, 이로 인해 학부모들도 리더십 분야에 많은 관심을 가지고 있다. 이러한 리더십은 전인적 성장을 이루기 위해 영유아기 때부터 이루어져야 하고 교육을 통하여 유아기 동안 충분히 배양될 수 있다.

이와 관련하여 얼마 전부터 영유아 리더십과 관련한 프로그램들이 영유아 교육의 새로운 패러다임을 불러일으키고 있다. 즉, 영유아 리더십을 통해 영유아의 성장 과정에 성공의 토양을 마련해 주고 꿈을 실현할 수 있도록 함으로써 영유아 교육의 효율성과 우리 사회 전체의 교육적 가치를 올릴 수 있다는 것이다.

영유아 리더십이란 인성과 창의성의 두 날개를 가지고 평생을 살아갈 수 있도록 좋은 태도와 습관을 익히는 것이다. 유년기에 성공인자를 심어 주어 성장하는 과정에서 꿈을 현실로 만들어 낼 수 있도록 하기 때문에 영유아기 때 리더십 교육은 대단한 효율성을 발휘하게 된다. 우리 사회 전체의 교육적 가치를 올리는 데 기여할 수 있는 패러다임이라 할 수 있다.

영유아 시기의 경험은 리더십의 주요 요인으로 볼 수 있는 신뢰감, 자율성, 주도성, 자아개념이 형성되는 시기이므로, 이러한 것들이 잘 발현될 수 있는 기회를 주는 것이 중요하다. 이외에도 의사소통 능력, 친사회적 행동(돕기, 나누기, 위로하기, 공유하기, 조력하기), 타인의 입장에서 생각하고 타인의 감정을 인지하는 조망수용능력이 유아기에 형성되는 리더십의 주요 요인이 된다.

또한 리더십의 핵심은 다른 사람들과의 커뮤니케이션 능력이다. 이런 능력을 키워 주어야 하는 사람은 바로 아이의 가장 가까운 롤 모델인 부모다. 이를 위해서는 부모가 먼저 리더십 있게 행동하는 모습을 보여 자녀들이 신뢰하고 따를 수 있도록 해야 한다. 토마스 칼라 힐은 "하나의 모범은 천 마디 논쟁보다 더 가치 있는 일이다"고 이야기한 바 있다. 리더십이 있는 부모가 되기 위해서는 먼저 모든 상황에 책임감 있고 성숙하게 대응하는 것이 중요하다. 힘든 인간관계나 부부 관계에 짜증을 내거나, 기분 나쁜 상황에 부닥쳤을 때 충동적인 언행이나 감정에 치우친 반응을 하는 것은 삼가야 한다. 또한 아이에게 믿음을 주고, 스스로 무언가에 도전할 기회를 주는 부모가 되어 보자. 그럼 어느새 내 아이가 21세기를 선도하는 리더십 있는 인재로 자라나 있을 것이다.

미래를 살아갈 우리 아이들은 자신과 타인에 대한 긍정적인 태도로 다른 사람의 마음을 헤아려 소통하고, 함께 공동의 목표를 향해 나아갈 건전한 영향력을 가진 리더를 필요로 하고 있으며 또 그러한 리더로 자라나야 한다. 또한 영유아기에는 아이를 둘러싼 부모와 성인들의 태도가 그 어느 때보다 중요한 시기로서, 상호간 긍정적인 상호작용은 우리 아이들이 함께 살아가는 기쁨을 아는 진정한 리더로 자라게 할 수 있음을 의미한다. 이제는 학업성적만 우수하고 자기만 아는 이기적인 '똑똑한 아이'보다는 타인을 배려하며 자기 주도적 행동과 여유로운 인성을 지닌 '똑바른 아이'가 미래를 이끄는 그런 시대가 도래할 것이다.

아이의 마음을
알아주세요!

상황별 아이케어 비결

유아교육의 기본적인 목표 중 하나는 인성의 바람직한 기초를 형성하는 것이다. 바람직한 인성을 갖춘 인간은 점차 가속화되는 개인주의 시대에서 자신의 행복뿐만 아니라 타인을 배려하며, 더불어 살아가는 원만한 인간관계를 갖게 된다. 따라서 결정적 시기인 유아기에 인성의 기초 형성을 위해 부모와 유아교육기관의 바람직한 모범과 환경 제공 및 적절한 교수 능력은 매우 중요하다고 할 수 있다. 2부에서는 부모들이 큰 관심을 기울이는 아이들의 특성에 따른 아이케어 방법을 살펴보고자 한다.

〉〉인성 교육의 상황별 ABC

　최근 들어 유아교육의 필요성과 중요성이 한층 부각되면서, 2012년부터 전국 어린이집과 유치원에 유아교육과 보육과정이 통합된 누리과정이 만 5세 유아들을 대상으로 도입·실시되었고, 이어 2013년부터는 만 3~4세 유아들에게까지 누리과정을 확대했다. 누리과정은 유아들에게 올바른 인성과 창의성을 배양하는 데 주된 목적을 두고 있다.

　인성(人性)이란 사람의 성품을 뜻한다. 성품이란 사전적 의미로서 '타고난 성질(性質), 성정(性情) 혹은 천품(天稟)'을 나타내는 말로서, 한 인간의 총체적 및 전인적 인격 상태를 나타내는 개념이다. 따라서 인성은 한 개인의 일상생활에서 행동, 사고, 감정의 기초가 되는 신체적, 정신적, 감정적 특징이다.

유아교육의 기본적인 목표 중 하나는 인성의 바람직한 기초를 형성하는 것이다. 바람직한 인성을 갖춘 인간은 점차 가속화되는 개인주의 시대에서 자신의 행복뿐만 아니라 타인을 배려하며, 더불어 살아가는 원만한 인간관계를 갖게 된다. 따라서 결정적 시기인 유아기에 인성의 기초 형성을 위해 가정(부모)과 유아교육기관의 바람직한 모범과 환경 제공 및 적절한 교수 능력은 매우 중요하다고 할 수 있다.

유아 인성 교육이란 유아들이 그들의 지(知), 덕(德), 체(體)를 조화롭게 발달시켜 마음을 통합할 수 있도록 도와주는 일이다. 또 인성 교육이 사람다운 사람이 되도록 도와주는 일이라고 볼 때 인성 교육은 일종의 가치교육이라고 할 수 있다.

인성 교육은 어떤 교육보다 가장 먼저 시작된다고 할 수 있다. 그러나 언어 교육이나 문자 교육처럼 실체가 분명하게 드러나는 교육이 아니기 때문에 자칫 소홀해지기 쉽다. 유아의 인성 교육을 위해 가정에서의 역할이 중요시되는데 부모들은 유아의 인성 교육을 위하여 유아의 눈높이에서 사고하며 유아의 생각을 잘 이해하여 유아가 부모로부터 인정받고 있음을 인식하도록 해야 한다. 이와 함께 유아교육기관에서는 교육과정을 운영함에 있어 유아의 각 개별성을 존중하여 개개인의 유아에게 적절하게 적용될 수 있도록 주의해야 한다.

영유아기의 부모는 아이와 끊임없는 정서적 교감을 통해 아이에게 인성 형성의 근간인 따뜻한 마음을 길러 주어야 한다. 그리고 3세 정도가 되면 또래 친구들과 어울리게 하여 사회성의 기초를 쌓게 해야 한다. 유아기 아이들은 또래 친구들과 싸우고 화해하는 과정을 통해 상대방의 입장을 생각하게 되고, 서로의 차이를 인정하면서 살아가는 법을 배우고 타인을 이해하는 힘을 기르게 되는 것이다. 4~5세 시기가 되면 아이는 자기 스스로 해 보려고 하는 자립심을 갖추기 시작한다. 이때 부모는 위험하다고 못하게 막거나, 무조건 '오냐 오냐' 하는 방식으로 받아 주어서는 안 되며, 합리적인 교육철학을 기반으로 일관성 있는 양육 태도를 보여 주어야 한다.

인성 교육은 자기 자신을 사랑하고 남을 배려할 줄 아는 아이로 키우는 매우 중요한 교육이다. 따라서 부모는 아이가 태어나면 아이와 눈을 맞추고 친밀한 스킨십을 통해 강한 유대감을 나눔으로써 자신이 사랑받고 있다는 것을 깨닫게 해야 한다. 그것은 나중에 인성의 기본이 된다. 유아는 어른들의 행동을 그대로 모방하는 거울과 같다. 아무리 유아에게만 강요한다 해서 유아들의 인성이 바로 서지는 않는다. 부모와 유아교육기관이 상호 협력하고, 더 나아가 지역사회가 연계하여 솔선수범할 수 있도록 노력해야 한다.

아이의 발달단계를 살펴보면 인성 교육도 결정적인 시기가 있다. 뇌 발달 연구학자들에 따르면 인성을 담당하는 뇌는 대뇌피질의 전두엽이라고 한다. 전두엽은 사람을 가장 인간답게 만들어 주는, 즉 문제해결을 위한 사고력과 창의성, 자기성찰 능력인 인성 발달과 밀접한 관련이 있다. 뇌 발달 전문가들은 만 3~6세 전후까지가 전두엽 발달이 가장 활성화되는 시기이므로, 이 시기에 예절 교육과 기본적인 인성 교육이 이루어져야 성장한 후에도 예의 바르고 인성이 바른 아이가 될 수 있다고 강조한다.

2부에서는 필자의 현장 경험을 중심으로 유아들의 바람직한 인성 발달을 위한 방향을 제시하고자 한다.

부정적인 행동을
일삼는 아이케어

떼쓰는 아이

어린이집에 가기 싫다며 매달리는 아이

공격성이 있는 아이

욕하는 아이

이기적인 아이

고자질하는 아이

자기가 할 일을 하지 않는 아이

거짓말하는 아이

소리부터 지르는 아이

남의 물건 가져오는 아이

참을성이 부족한 아이

난폭한 아이

떼쓰는 아이

원을 운영하면서 학부모 상담을 할 때마다 비교적 많이 거론되는 화제가 아이의 떼쓰는 일에 관한 내용이다. 아이가 떼를 쓰고 공격성을 보이는 것은 단지 성격이 나쁘다거나 문제가 있기 때문에 그러는 것이 아니다. 오히려 중요한 발달단계의 시기에 접어들었다는 것을 의미한다. 그 시기는 만 2세부터 6세까지의 시기이고, 일명 '떼쟁이 시기'라고도 불린다. 일반적으로 만 2세부터는 자의식이 강해지고 고집이 생겨 자신이 원하는 것이 좌절되었을 때 화를 내고 데굴데굴 구르는 등 온몸으로 떼를 쓴다. 순한 아이든 드센 아이든 간에 모두 일단 '고집과 떼'로 자아를 표현하는 것이다.

아이의 떼쓰는 행동이 나타나게 되는 원인은 여러 가지가 있는데 자기 통제력이 부족하고 충동적인 성향이 강한 경우, 떼를 쓰면 뭐든지 해결되었던 경험이 있을 때, 부모의 사랑을 충분히 받지 못했다고 느낄 때 등이다. 가장 일반적인 원인은 엄마아빠가 '해 달라고 하면 다 해 주는' 버릇을 들여 놨기 때문이다. 이렇게 버릇이 든 아이는 사고 싶은 것을 사 달라고 해서 안 사 줄 때, 하고 싶은 것을 못하게 할 때, 떼를 쓰고 울면 결국 자기 뜻대로 된다는 나름대로의 '해결책'을 배운 것이다.

그렇다면 아이들이 무작정 떼를 쓸 때 현명하게 대처하는 방법은 무엇일까?

일단 떼쓰는 아이의 훈육 기본은 아이가 떼를 쓰면 아무것도 얻을 수 없다는 것을 인지하게 하는 것이다. 이와 함께 아이가 떼를 쓰고 고집을 부리는 이유를 파악해야 한다. 아이가 떼를 쓰는 데는 반드시 이유가 있게 마련이다. 부모가 그 이유를 알아차리지 못하기 때문에 아이가 이유 없이 고집을 부린다고 생각하는 것이지 실제 이유가 없는 경우는 없다.

일반적으로 아이들은 원하는 것이나 바라는 것이 충족되지 않아 좌절감을 맛볼 때 떼를 부린다. 하지만 습관적으로 떼쓰는 아이를 다룰 때는 다르게 대처해야 한다. 아이는 울었는데도 불구하고 요구를 들어주지 않으면 더 세게 떼를 쓴다. 이때 아이의 말을 바로 들어주게 되면 떼를 써서 얻어 내려는 버릇이 생긴다. 때문에 부모들은 되는 일과 절대 안 되는 일을 구분하고 공식화해야 한다. 아이가 하는 좋은 행동은 칭찬하고 격려하며, 절대로 안 되는 일은 허용할 수 없다는 원칙을 세워야 한다. 특히 떼를 써도 안 통하는 경험을 아이에게 한 번쯤 가르쳐야 아이도 되는 일과 절대 안 되는 일을 구분할 수 있게 된다. 이후 똑같은 상황에서 떼쓰는 일이 다시 발생할 수 있는데 그럴 때는 요점만 간단히 설명해 준다. 아이들의 집중력은 짧기 때문에 길게 설명해도 뒷얘기는 듣지 않기 때문이다.

그렇다면 어떻게 달래야 할까? 일단 떼쓰는 아이에게 혼을 내기보다는 긍정적인 훈육을 통해 행동을 바로잡아 주어야 한다. 아이가 왜 떼쓰는 행동을 하는지 파악한 후 미리미리 '이럴 때는 이렇게 하자'라는 기준을 정하고 긍정적인 훈육으로 일관되게 아이를 달래 주는 것이 바람직하다.

만약 떼쓰는 아이 때문에 화가 난다고 해서 아이와 같이 감정을 추스르지 못한 상태에서 달래는 방법을 생각하지 못하고 화만 낸다면 아이는 부모에게 공포의 감정을 가지게 되고 부모에게 나쁜 감정이 생기면서 오히려 역효과가 날 수 있다. 그렇기 때문에 감정에 치우쳐서 떼쓰는 아이를 마구 혼내서는 안 된다. 긍정적인 훈육방법으로 떼쓰는 아이를 달래지 않는다면 아이에게 혼란을 가중시키기만 할 뿐이고 이 상태가 지속되면 나중에 커서도 모든 일에 눈치만 보고 기준이 명확하지 않으며 애어른으로 클 가능성도 있을 수 있다.

떼쓰는 아이들을 훈육할 때에는 항상 일관성을 가져야 한다. 또한 아이가 하는 행동이 잘못된 것임을 알려 주고, 아이들이 자신의 감정을 제대로 표현할 수 있도록 명확하게 설명해 주어야 한다. 해서는 안 될 일이나 해야 하는 일을 아이에게 잘 설명해 준다면 아이들도 이에 잘 따라 줄 것이다.

아·이·케·어·키·워·드!

이것저것 조르며 떼쓰는 아이에게는 부모의 **일관된 훈육**이 필요하다. 아이가 떼쓰는 이유를 찾아보고 잘못된 행동일 경우에는 아이에게 하면 안 되는 이유의 요점을 잘 짚어 주고 일관성 있는 태도를 보여야 한다.

어린이집에 가기 싫다며 매달리는 아이

새 학기가 시작되어 처음으로 어린이집에 등원하거나 이사로 인해 중간에 들어온 아이들의 경우, 정도의 차이는 있지만 대부분 한 달 정도면 원의 환경에 적응하기 마련이다. 하지만 툭하면 어린이집에 안 가겠다고 엄마와 실랑이를 벌이는 아이들이 더러 있다. 막상 원에 가서는 언제 떼를 썼는지 의아할 정도로 잘 놀다가도 다음 날 아침이 되면 전날과 마찬가지로 늑장을 부리는 통에 엄마는 속이 터진다. 싫다는 아이를 억지로 보내는 것도 곤혹스럽지만 원인을 알 수 없으니 엄마 입장에서도 답답하기만 하다.

아이들이 어린이집 등 유아교육기관에 가기 싫어하는 데는 몇 가지 이유가 있다.

첫 번째가 부모와 애착 형성이 안 되어 나타나는 분리불안으로 가기 싫어하는 경우다. 분리불안이란 아이의 눈에 엄마가 보이지 않으면 불안해하고 울어대는 것을 말한다. 태어나서 36개월 이내에 부모와 애착이 안정적으로 형성되지 못한 아이들은 어린이집에 간 사이 엄마가 자신을 버리고 떠날 것이라는 불안감을 갖게 된다. 아이가 엄마와 떨어지는 것을 극도로 불안해하며 시간이 지나도 원에 적응하지 못하는 경우 분리불안장애로 볼 수 있다. 분리불안은 의외로 엄마가 아이에게 집착하면서 발생하는 경우도 있고, 반대로 애착이 덜 형성되어 퇴행 행동으로 나타나기도 한다. 이런 아이는 어린이집이 싫은 것이 아니라 엄마와 떨어지는 것이 두려운 것으로 이때는 전문가의 상담과 치료가 필요하다.

두 번째는 엄마와 떨어지는 것이 싫은 게 아니라 어린이집이나 유치원에서의 활동에 흥미를 갖지 못해 가기 싫어하는 경우다. 이럴 경우에는 아이가 왜 싫어하는지 이유를 살펴봐야 한다. 원에서 진행되는 활동이 아이에게 부담이 되는지, 원에서 지켜야 하는 규칙들이 힘든지, 또래 친구들과 다툼이 있는지 등 아이가 힘들어하는 부분이 있는지 확인해야 한다. 특히 또래와 어울려 본 경험이 많지 않은 아이들은 친구들과의 소통에 익숙하지 않기 때문에 적응하지 못하는 경우가 많다. 또 집과는 달리 정해진 규칙에 따라 움직여야 한다는 점도 아이에게 큰 스트레스가 될 수 있다.

이때는 어린이집에 가면 흥미롭고 즐겁다는 것을 알려 줘야 한다. 또한 아이 자신이 원에서 없어서는 안 될 중요한 존재임을 알게 해 준다. 자신이 맡은 일이 중요하고 꼭 필요한 것임을 설명해 주고 책임감을 가질 수 있도록 도와주도록 한다.

세 번째는 엄마와 헤어지는 연습이 잘 안 된 경우도 있다. 이런 아이는 엄마와 떨어질 때는 심하게 울다가도 엄마와 떨어진 후 흥분을 가라앉히고 나서는 잘 노는 아이들이다. 이런 아이에게는 먼저 왜 어린이집에 가야 하는지, 원에서는 무엇을 하게 되는지, 엄마는 그동안 무슨 일을 하는지, 엄마와 언제 다시 만나는지에 대해 차근차근 말해 준다. 다만 이야기할 때는 다정하지만 단호한 말투로 해야 한다. 엄마가 자신 없는 모습을 보이거나, 미안해하면 아이는 엄마와 헤어진다는 사실을 인정하기 싫어 울며 떼를 쓰게 된다. 부모가 원에 꼭 가야 한다는 원칙을 정하고 지키면 아이는 따를 수밖에 없다. 그리고 어린이집에서 다녀오면 사랑한다는 표현을 많이 하고, 특히 스킨십을 많이 하는 것이 좋다.

일반적으로 아이가 어린이집에 가려 하지 않고 엄마의 주변을 맴도는 행동을 하면 대부분 부모들은 이러한 행동이 불안 때문인지 모르고 야단을 치면서 아이를 무리하게 떼어 놓는 경우가 많다. 이때 아이는 두려움과 공포 때문에 마음에 상처를 입게 되며 버려두고 간 엄마에 대한 미움이 생기게 된다.

이럴 때는 우선 아이가 심리적으로 안정되도록 하는 것이 중요하다. 일단 아이에게 어린이집에 가더라도 집으로 돌아오는 시간이면 엄마와 다시 만날 수 있음을 알려 준다. 몇 시부터 몇 시까지 원에 있어야 하는지 정확한 시간을 알려 주고 집에서 엄마가 자신을 기다리고 있다는 믿음을 갖도록 한다.

아울러 아이의 상태를 꾸준히 살피는 것이 중요하다. 그리고 평소 원장이나 교사와 함께 긴밀한 커뮤니케이션을 하며 아이에 관해 궁금한 내용을 물어보는 것도 필요하다. 이를 통해 아이가 옷 갈아입는 것을 귀찮아한다든지 점심시간에 혼자 밥 먹기를 싫어한다든지 등 세심한 사항을 살필 수 있으며 아이가 가기 싫어하는 원인을 파악할 수 있다. 그리고 아이가 원 생활을 하면서 친구를 도와주었다거나 혼자서 신발을 잘 신었다는 등 사소한 것이라도 놓치지 않고 아이를 칭찬해 주면 효과를 볼 수 있다.

   이처럼 불안은 아동의 기질이나 부모의 양육 태도, 불안정한 가정환경에 따라 더 커지게 된다. 때문에 아이를 안정시키기 위해서는 양육 태도나 가정 분위기를 변화시키는 노력도 병행되어야 한다.

아침마다 원에 가지 않겠다며 울며불며 매달리는 아이와 부모의 싸움. **분리 불안 장애**일 경우도 있으니 전문가와의 상담이 필요하며, 교사와 긴밀한 커뮤니케이션을 주고받아야 효과를 얻을 수 있다.

공격성이 있는 아이

공격성이란 '다른 사람, 또는 동물에 상처를 입히거나 소유물을 손상시키거나 파괴하는 결과를 남게 하는 모든 행동'이다. 공격성이 있는 행동으로는 다른 사람을 때리기, 꼬집기, 차기, 침 뱉기, 또한 누군가에게 소리를 지르는 것, 위협하는 것, 인격을 손상시키는 것 등을 들 수 있다.

공격성이란 인간에게 기본적으로 내재되어 있는 욕구이기도 하다. 아이가 자라면서 이러한 공격성이 밖으로 표출되는 것은 어쩌면 당연하다고 할 수 있다. 아이에게 공격성이 보인다고 해서 무조건 문제가 되는 것은 아니다. 문제가 되는 경우는 그것이 얼마나 자주 나타나느냐에 달려 있다. 적절한 통제가 되지 않고 충동적, 공격적 행동이 지속적으로 반복되는 경우가 문제다.

일반적으로 유아는 자신의 정서를 제대로 통제하는 것이 미숙하여 공격성을 나타내는데, 이는 성장하면서 성숙과 경험을 통해 점차 줄어들게 된다. 공격적인 행동을 보이는 원인은 대개 부모로부터 사랑과 인정의 부족으로 인한 좌절, 부모의 지나친 체벌 위주의 양육 태도나 가정 내 폭력의 일상화, 폭력적인 TV 프로그램이나 게임 등이다. 또, 아이의 욕구가 억압되거나 방해받을 때 아이들은 자신의 충동을 외부로 폭발하게 된다.

아이가 공격적인 행동을 보이게 되면, 공격적인 행동에 대한 심리적인 원인을 살펴보는 것이 필요하다. 부모가 지나치게 체벌 위주로 아이를 대하는 것은 아닌지, 사랑과 관심이 부족하지는 않은지, 또래 관계에서 어려움을 겪고 있는 것은 아닌지 유심히 살펴봐야 한다. 그런 후 아이의 욕구를 마음껏 발산할 수 있는 놀이 활동을 격려해 주고, 누적된 공격성을 마음껏 발산해 볼 수 있는 기회를 마련해 주도록 한다. 또한 긍정적인 활동으로 유도하는 환경을 조성하여 아이의 행동을 바람직하고 건전한 방향으로 유도하는 것이 필요하다.

　공격적 성향이 강한 아이를 대할 때는 부모가 사랑하고 있다는 확신을 줄 수 있도록 충분한 애정표현을 해 준다. 이와 함께 평소 아이의 행동이나 말에 귀를 기울이고, 대화를 많이 하고, 함께 많이 놀아 주도록 한다. 그리고 아무리 화가 나더라도 절대 체벌을 해서는 안 된다. 폭력이 안 된다고 가르치면서 체벌을 하면 아이는 혼란스러워지기 때문이다. 아이가 화난 원인을 함께 찾아보고 해결방법을 이야기 나누는 것이 좋다.

　아이가 공격성을 보일 때는 단호하게 안 된다고 알려 주고, 공격적 행동을 보이는 계기를 파악하고 사전에 그러한 상황을 피하거나 대비한다. 또한 공격성을 표출하는 순간, 아이가 관심 갖는 다른 놀이로 유도함으로써 스스로 감정을 조절하는 경험을 시킨다. 이를 반복하다 보면 스스로 분노를 다스릴 수 있게 된다. 이와 함께 아이가 폭력적인 모델에 노출되지 않도록 TV 프로그램이나 만화, 영화, 책을 선택하는 데 주의를 기울여야 한다.

　중요한 것은 부모가 먼저 좋은 모범을 보여야 한다. 아이의 폭력과 공격성은 바로 어른에게서 복사된다. "애는 도대체 왜 이래?"라고 아이 탓만 하지 말고 부모(어른)가 먼저 돌아보고, 그렇게 화를 낼 만큼 힘들어한 아이를 사랑으로 안아 주고 관심을 가져 주는 마음가짐이 필요하다. 그리고 좋은 행동을 보일 때는 칭찬과 좋아하는 놀이 등을 할 수 있는 보상을 해 준다. 단, 미리 기대하는 바를 먼저 알리고, 이를 따를 경우 꼭 보상해 주고, 따르지 않을 경우에는 절대 보상을 하지 않아야 한다.

아 · 이 · 케 · 어 · 키 · 워 · 드!

어떤 아이들은 유독 손버릇이 나쁘거나 또래들에게 폭력을 휘둘러 문제아로 취급받곤 한다. 그런 아이들의 원인을 찾아보면 부모의 잘못된 자녀양육 태도에서 기인되는 경우가 대부분이다. 부모의 **사랑 결핍과 체벌**이 공격성을 키운 것인데, 이를 해결하기 위해서는 부모의 무한한 애정표현과 칭찬을 반복하는 것이 가장 효과적이다.

욕하는 아이

　자녀가 어느 순간 욕을 하기 시작하면 부모의 입장에서는 충격을 받기 마련이다. '분명 아무도 가르쳐 준 적이 없는데'라고 생각한 부모는 아이의 행동에 그저 놀라고 당황스럽기만 할 것이다. 집안에서 욕을 쓰는 사람이 없는데, 욕하는 경우에는 보통 집 밖에서 또래들과 함께 어울리면서 자연스럽게 욕을 듣고 배우는 경우가 대부분이다. 특히 4~5세는 모방을 많이 하는 연령으로 어떤 뜻인지도 모르고 아무 생각 없이 내뱉는 경우가 많다.

욕을 하는 것이 결코 바람직한 행동은 아니지만 무조건 나쁘다고만 할 수는 없다. 만약 어떤 사람이 발을 밟고 한마디 사과도 없다면 그때 속으로 그 사람을 욕하는 것이 상대방에게 직접적인 해를 입히지 않으면서도 화가 난 마음을 해소할 수 있기 때문에 정신건강 면에서는 이로울 수도 있다. 그러므로 욕 자체보다 욕을 하게 된 배경을 이해하고 현명하게 대처하는 것이 중요하다.

일반적으로 욕하는 아이의 심리는 세 가지로 나누어 볼 수 있다. 주위 사람들의 관심을 끌고 싶거나, 화가 난 마음을 표출하기 위해서, 그리고 또래 친구들과 동질감을 느끼기 위해서다.

먼저 욕하는 이유가 관심을 끌기 위해서라면 아이와 대화하며 공감을 이끌어 내는 것이 중요하다. 더불어 반대 입장으로 생각할 수 있도록 욕하는 아이와 계속되는 대화가 필요하다. 화가 난 마음을 표출하기 위한 경우에는 구체적으로 아이의 마음을 헤아려 준 다음, 욕설이 아닌 다른 말로 자신의 감정을 표현할 수 있도록 가르쳐야 한다. 욕설을 하는 것이 분명히 잘못된 행동임을 확실히 해야 한다. 그리고 또래들과 동질감을 느끼기 위해서 쓰는 욕설이라면 크게 걱정하지 않아도 된다. 보통 이렇게 욕하는 아이의 경우 아이들 문화 중 하나이며, 아이에게 화를 내거나 제재를 가한다면 동질감을 느끼지 못하고 소외된 아이로 느낄 가능성이 크기 때문이다.

자녀가 욕을 하지 않게끔 하기 위해서는 먼저 아이가 욕을 할 때 그냥 지나치지 말고 부모가 반드시 잘못을 지적해야 한다. 그러나 이때 지나치게 혼을 내면 아이의 반감이 커지므로 차분하고 단호하게 해야 한다. 또한 아이가 화가 났을 때는 욕을 하는 것이 아니라 다른 활동을 통해서 분노를 누그러뜨리게끔 유도하는 것이 좋다. 어떤 이유이든지 아이가 욕을 한다면 부모 입장에서는 상당히 당황스럽고 불쾌하기 마련이다. 만약 자녀가 욕을 한다면 빨리 욕하는 버릇을 고쳐 주어야 한다.

욕하는 아이의 효과적인 교육법을 알아보자.

첫째, 무관심으로 대응한다. 아이가 욕을 할 경우 대부분 부모들은 화를 먼저 내는데 이렇게 할 경우 아이가 반응을 얻기 위해 욕을 더할 수 있다. 이럴 땐 아이의 말에 무관심과 무대응을 보여 주는 것이 최선의 방법이 될 수 있다.

둘째, 욕을 한 후 사과를 하도록 교육시킨다. 아이가 욕을 했다면 반드시 그 대상에게 사과하는 방법을 알려 준다. 욕을 한 자신의 행동에 반성할 수 있고 자신의 행동에 책임져야 한다는 것을 알려 주어야 한다.

셋째, 부모가 모범을 보인다. 아이가 욕을 한다면 부모님들 입장에서 혹시 아이가 있는 곳에서 욕을 한 적이 있는지 생각해 본 후 욕을 했다면 앞으로는 아이가 있는 곳에서 욕을 하지 말아야 한다. 아이는 어른들의 말과 행동을 바로 바로 배운다는 점을 기억해야 한다.

아이가 처음 욕했을 때 부모의 대응도 중요하다. 부모가 지나치게 반응하면 오히려 역효과가 날 수 있다. 화내거나 야단치기보다 차라리 무관심한 태도를 보이는 것이 좋다. 그러나 아이가 써도 되는 말과 안 되는 말을 구별할 수 있는 나이가 되었는데도 계속 욕을 한다면 단호하게 안 된다고 말하고 듣는 사람이 불편하고 불쾌하다는 걸 알려 줘야 한다. 그런데도 고쳐지지 않는다면 아이가 좋아하는 장난감을 가지고 놀지 못하게 하거나 놀이터에 놀러가는 것을 금하는 등 제재를 가하는 것도 방법이다.

결론적으로 말해 아이가 욕을 하게 된 배경을 이해해야 한다. 대부분 부모는 아이가 욕을 하면 앞뒤 관계없이 그 행위에만 관심을 갖고 나무라게 되는데, 이는 아이의 마음을 제대로 헤아려 주지 못하는 것이다. 자신의 마음은 무시한 채 부모가 행동만 지적할 경우 아이는 억울한 마음이 들고 반발심에 더 엇나갈 수 있으므로 부모의 현명한 대응이 필요하다.

아·이·케·어·키·워·드!

아이의 욕하는 행동보다 더욱 중요한 것은 **욕을 하게 된 배경을 이해**하는 것이다. 그 원인에 따라 무관심으로 대응하거나 사과하는 자세를 가르치는 것이 필요하다.

이기적인 아이

일반적으로 유아기는 자아감이 형성되는 시기로 누군가 자기 존재를 알아주기를 바라는 마음이 크다. 그래서 자신의 뜻을 내세우고 행동할 때 사회적 기술이 부족한 관계로 다른 사람의 입장을 이해하지 못하고 자기중심적으로 생각하는 경향이 있다.

사실 아이들은 어느 정도 이기적인 것이 정상이다. 자기가 제일 좋은 것을 가져야 하고 자신의 입장에서만 뭐든 생각하는 것은 3~7세의 아이들에게서 나타나는 일반적인 특성 중 하나다.

하지만 이기적인 성격 때문에 싸움이 잦거나 따돌림을 당해 스트레스를 받는다면 문제 행동이 될 수도 있다.

어린이집에서 이기적인 아이의 특징을 살펴보면 또래와 함께 지낼 때 놀잇감을 독차지하려고 한다. 무엇이든지 자기가 먼저 하려고 하며, 늘 교사 옆에 앉으려고 또래 친구들과 다투는 경우가 많다. 자신의 욕구만 충족시키려고 하거나 자신의 권리만 주장한다. 그리고 다른 사람을 배려할 줄 모르고 자기 마음대로 하려고 한다. 자기가 원하는 게 가장 중요하다고 생각하고, 주위로부터 항상 보살핌을 받을 경우 남의 것도 마음에 들면 가지려는 태도를 취하기도 한다. 이렇듯 욕심과 이기심이 다른 아이들에 비해 지나쳐 자기 마음대로 하려는 행동을 보이며, 자신이 원하는 것이 가장 중요하다는 생각을 갖고 있다.

이기적인 아이의 성격을 고치기 위해서는 첫째로 협동심을 배양해야 한다. 이를 위해서는 다른 사람들과 협동심이 필요한 놀이 등을 통해 힘을 합치고 나누는 기쁨을 알게 해 주는 것이 필요하다. 아이와 함께 요리하기, 음식 나눠 먹기나 똑같이 나눠 담기, 친구 또는 부모와 함께 노래 부르기 등으로 함께하는 놀이의 즐거움을 깨우쳐 주는 것이 중요하다.

다음으로 양보와 규칙 가르치기다. 가족과 함께 놀이를 즐기는 시간을 많이 갖도록 한다. 이때 노는 시간마다 즐겁게 보내기 위해서는 서로 양보하고 일정한 규칙을 지켜나가야 한다는 것을 자연스럽게 알게 하면 좋다.

마지막으로 또래 친구들과 어울리는 능력을 길러 주는 것이다. 이기적인 아이에게 사회성을 길러 주기 위한 가장 좋은 방법은 또래 아이들과 함께 어울릴 수 있는 기회를 마련해 주는 것이다. 적당한 규칙이나 경쟁이 있는 놀이를 할 수 있도록 도와주고 놀이가 마무리되면 친구들과 포옹하거나 악수를 하게 유도하면 더욱 좋다.

이기적인 아이에 대한 부모의 바람직한 대처 방법은 우선 이기적인 행동을 하는 아이의 마음을 읽는 것이다. 유아기에는 이기적인 행동을 하는 것이 발달과정에서 나타나는 자연스러운 행동이며, 자기중심적으로 사고하고 행동하는 것이 특징이다.

아이가 나쁜 것이 아니라 바람직한 방향으로 행동하도록 안내하는 것이 필요하다. 그리고 자신의 감정을 말로 표현하도록 격려한다. 자신의 뜻대로 놀이하지 않는다고 해서 친구를 때리거나 장난감을 던지며 화풀이를 하는 것보다는 "나 오늘은 꼭 엄마 역할 해 보고 싶어", "매일 너만 엄마 하니까 속상했어", "나도 놀고 싶어. 같이하자", "나 조금밖에 못 놀았어. 나 놀고 너한테 줄게" 등의 말로 표현하는 방법을 알려 준다.

아이가 이기적인 행동을 보일 때는, 아직 자기중심적 사고에서 벗어나지 못해서 다른 사람의 의견이나 행동을 받아들이지 못하는 경우나, 부모의 양육 태도, 아이의 환경적인 영향으로 생각해 볼 수 있다. 이기적인 행동을 보일 때는 스스로가 타인을 위해 할 수 있는 동기를 부여해 주거나, 다른 사람의 감정을 이해할 수 있도록 도와주는 것이 필요하다. 그리고 부모나 교사의 모델링을 통해서도 아이의 행동을 수정하는 데 도움이 되기도 한다.

또한, 부모의 양육 태도도 매우 중요한데, 욕심이나 이기심이 지나칠 때는 사회성 부족으로 볼 수 있지만 부모들의 입장에서는 사실 뺏기는 것보다 낫다고 생각해 무심히 지나칠 때가 많다. 무조건 집착하는 경향을 보이면 아이의 요구를 '오냐, 오냐' 하면서 모두 들어주기보다는 일관성 있는 태도를 보이는 것이 좋다. 무엇보다 아이가 왜 이런 행동이 나타나게 되었는지 생각해 보고, 아이가 또래 친구들과의 관계에서 심각한 어려움을 느끼고 있다면 사회성 프로그램이나 전문가의 상담을 통해서 개선시켜 주는 방법도 필요하다.

아·이·케·어·키·워·드!

일반적으로 사회화 과정을 겪기 전의 유아들은 자기중심적으로 행동하는 것이 정상이다. 그러나 그런 행동 때문에 문제가 생긴다면 이기적인 행동을 하는 아이의 마음을 읽어야 한다. 원인에 따른 부모나 교사의 모델링을 통해서 문제 행동을 수정하도록 한다.

고자질하는 아이

고자질이란 '남의 허물이나 비밀을 일러바치는 짓'이다. 아이가 고자질을 하는 이유는 여러 가지가 있다. 부모나 어린이집 교사가 가르쳐 준 규칙을 지키고자 하는 과정에서 다른 아이들의 행동이 거슬릴 수도 있고, 자신에게 피해가 되는 것을 알리고 도움을 구하는 것일 수도 있고, 어른들의 관심을 얻거나 인정을 받고 싶어서 그럴 수도 있고, 어떻게 대처할지 몰라서 어른이 문제를 해결해 주기를 바라는 것일 수도 있다.

일반적으로 아이가 어릴수록 사회적 상황에 대처하는 능력은 부족하기 때문에 그럴 때는 무조건 고자질하는 것을 나쁘다고 하기보다는 그 상황에 대해서 들어 보고 어떻게 해야 하는지 구체적으로 알려 주고 도와주는 것이 좋다. 아이의 도덕성 발달은 도덕적 개념의 학습 즉, 옳고 그른 것에 대한 추상적인 원칙을 학습하는 것이다. 그러나 유아기의 아이들은 추상적 사고를 할 수 없기 때문에 '좋은 행동'이란 단순히 부모의 말을 잘 듣는 것이고, 부모가 하지 말라는 것은 나쁜 행동이라고 규정한다. 만 4~5세 아이들은 어른의 규칙을 따르는 데 민감하고 그것을 어기면 어른에게 알리는 것이 의무라고 느끼기도 한다.

아이가 고자질을 하는 이유는 다른 사람의 관심을 받고 싶거나 주도권을 얻고자 하는 것이다. 또 자기에게 상처를 준 친구에게 복수를 하기 위해서나, 사회적 상황에 대처하는 능력이 부족하기 때문에 자신에게 피해가 되는 것을 알리고 어른이 개입하여 문제를 해결해 주기를 바라는 마음에서 고자질을 하게 된다. 이밖에도 자기주장을 펼치는 기술이 부족하고 스스로를 변호하는 능력이 부족하거나 또래들과 잘 어울리지 못하는 경우, 강한 도덕적 가치관을 가져서 부모나 교사가 가르쳐 준 규칙을 지키고 싶은 마음, 그리고 고자질이 부모에게 도움을 주어 부모와의 관계를 강화한다고 느끼기 때문이다.

　고자질을 하게 만드는 환경을 살펴보면 부모의 과잉보호 아래 또래하고 어울릴 수 있는 기회가 적었던 아이들이 상호작용 기술의 부족으로 어른에게 의지하여 문제를 해결하고자 하는 것이다. 또한 이분법적 사고를 강요하는 부모는 매사를 옳고 그른 것, 또는 해야 할 것과 하지 말아야 할 것 등으로 구분하는 판단을 지나치게 요구하여 아이가 자기중심의 세계를 벗어나지 못해 다른 사람의 행동을 인정할 수 없게 되는 경우가 많다.

　고자질을 하는 아이는 일반적으로 두 가지 유형이 있다. 하나는 옳고 그름에 대한 구분이 분명한 아이다. 반드시 옳은 행동을 해야만 하고 잘못된 행동을 하면 절대로 안 된다는 인식을 갖고 있기에 자칫 융통성이 부족한 아이로 비쳐지기도 한다. 다른 하나는 자신이 보다 많은 주목과 관심을 받고자 하는 아이다. '자신은 잘하고 있는데 다른 아이는 잘 못하고 있으니 나를 더 칭찬하고 인정해 달라'는 심리적 동기를 갖고 있다. 어떤 아이는 이 두 가지를 모두 갖고 있기도 하다.

　아이의 고자질하는 행동에 대해서는 매우 신중하고 섬세하게 접근하면서 대응할 필요가 있다. 만일 고자질을 다 받아 줘서 잘못한 아이들을 곧바로 야단친다면, 시간이 흐르면서 어느새 고자질한 아이가 친구들에게 미움을 받게 될 수 있으며 자칫 '왕따'가 될 수도 있다. 그렇다고 해서 고자질한 아이를 야단치면, 아이는 이해를 하지 못할뿐더러 억울하다고 생각하고 혼란스러워할 것이 분명하다.

이러한 문제를 해결하는 데는 두 가지 대응 전략이 있다. 첫째는 아이의 말을 들어 주되 한계를 정해 주는 것이고, 둘째는 나중에 아이를 따로 불러서 고자질의 좋지 않은 점에 대해서 설명해 주는 것이다.

고자질을 하는 아이에게 고자질을 강화할 수 있는 말을 하는 것은 부모의 잘못된 대처 방법이다. 예를 들어 아이가 고자질을 했을 때 "말해 줘서 고맙구나", "그런 친구랑은 어울리지 말아라"와 같이 아이의 고자질에 긍정적으로 반응하는 것은 금물이다. 그리고 아이의 고자질에 민감한 반응을 보이는 것도 좋지 않다. 아이의 고자질 속에는 관심 받고 싶다는 욕구가 담겨 있기 때문에 "그것은 나쁜 아이들이 하는 행동이야", "그런 행동을 하면 친구들이 널 미워하고 친구도 없을 거야"라고 반응하며 지적하는 것은 아이에게 부정적인 자아상을 갖게 할 수도 있다.

부모의 바람직한 대처 방법은 고자질하는 아이의 원인을 아는 것이다. 다양한 원인 중에서 아이의 상황을 파악하고 적절한 도움을 주도록 한다. 그리고 '고자질'과 '사실대로 말하기'의 차이에 대해 이야기를 나누어 본다. 이를 통해 고자질이 허용될 때와 허용되지 않을 때가 언제인지 알 수 있도록 '고자질'과 '사실대로 말하기'의 차이점을 확실히 알게 한다. 이와 함께 유아 스스로 문제를 해결할 수 있도록 도와준다. 고자질이 효과가 없다는 사실을 깨닫게 하고 단호하게 무시하는 태도를 보이는 것도 필요하다.

아·이·케·어·키·워·드!

남의 비밀이나 약점을 고자질하는 아이들의 속마음을 제대로 이해해야 한다. 아이들은 남에게 **관심을 받고 싶거나 주도권을 얻고자 할 때** 고자질을 한다. 이때 '고자질'과 '사실대로 말하는 방법'의 차이점에 대해서 확실히 알려 주는 것이 효과적이다.

자기가 할 일을 하지 않는 아이

요즘 하나부터 열까지 부모(엄마)가 해 줘야 하는 아이들이 늘고 있는 추세다. 대부분 하나 혹은 둘 정도의 자녀를 키우다 보니 부모가 '내가 모든 것을 해 주겠다'는 생각을 갖게 된다. 이런 상황에서 자란 아이들은 자칫 그 나이에 스스로 할 수 있는 일도 하지 않는 아이가 되며 그에 따라 자연스레 아이는 스스로 자립할 기회도 잃게 되는 것이다.

날마다 하는 옷 입기, 세수하기, 자기 가방이나 물건 챙기기 등

간단한 일도 엄마가 시키지 않으면 전혀 하지 않는 아이들. 자기 스스로 할 수 있는데도 귀찮다는 식으로 부모를 시키거나 어른을 따라서만 하고, 어린이집 등 유아교육기관에서는 '내가 하지 않아도 친구가 대신 하겠지' 하며 미루어 버리고 해야 할 일을 하지 않는 아이들을 볼 수 있다.

이러한 부적응의 원인은 대개 가정에서 지나친 보호로 인해 아이의 자립성을 길러 주지 못하고 자기 할 일을 어른이 대신 해 주기 때문에 자기의 주변을 정리·정돈할 능력이 없어지게 된 경우다. 이런 아이들은 자기의 힘으로 하지 않으면 안 된다는 의욕도 없고 다른 사람에게 끌린다는 감정도 없으며, 지극히 당연한 것처럼 부모나 다른 사람들의 도움을 받는 것이다. 또 같은 과보호에서도 입이 닳도록 간섭을 하거나 강제적으로 하게 하는 경우에 아이는 기술적으로는 할 능력이 있지만 시키지 않으면 하지 않는다.

자립심은 다른 사람에게 기대지 않으려는 의지의 표현으로 일반적으로 만 2세부터 스스로 자립의 활동을 보이지만 부모들이 아이들의 이런 자발적인 행동을 아직 어리다는 이유로 무시하는 경우가 많다. 아이를 자신감 있고 스스로 돌볼 줄 아는 사람으로 키우고 싶다면 아이가 실수를 하더라도 인내심을 갖고 지켜보고 유아기 시절이 아이 인생에서 꼭 필요한 기술들을 가르치는 시기임을 명심해야 한다.

일반적으로 또래에 비해 적극성이나 자립성이 부족한 아이는 주변의 어른들이 지나치게 보살펴 준 것이 원인인 경우가 많다. 보통, 일해 주는 사람이 있는 경우, 할머니와 함께 살고 있는 아이인 경우, 어머니가 지나치게 간섭하는 경우, 막내인 경우에 더욱 의존적이다. 이러한 의존성을 줄이기 위한 방법은 단계를 밟아 서서히 자립심을 몸에 붙게 해 주는 것이다. 의존성이 강한 아이일수록 자신감이 없는 아이가 많기 때문에 작은 것에서 조금씩 자신감을 갖도록 배려해 주어야 한다.

아이가 어떤 행동을 한 후에는 칭찬뿐만 아니라, 그 일을 성취하고 났을 때의 좋은 느낌을 아이 스스로가 자각하게 하는 기회를 주는 것도 좋다. 예를 들어 가정에서 작은 일거리를 마련하여 아이가 전담해서 하게 한다. 수건걸이에 수건을 갖다 걸어 놓거나, 벗은 옷을 빨래통에 가져다 놓는다든지 역할을 맡겨서 시키는 것이다. 이때 부모는 천천히 기다려야 한다. "빨리, 빨리"라고 다그치거나 "이것 좀 해 줄래? 저것 좀 해 줄래?" 하고 귀찮게 재촉하는 것은 오히려 역효과를 가져올 수 있다.

 이렇듯 아이에게 작은 목표를 주고 그것을 완성하면 칭찬해 주면서 "정말 잘했구나. 다른 일도 잘하겠다. 어쩜, 이렇게 멋지게 했니?"라거나 "네가 직접 해 보니까, 느낌이 어떠니?"라고 물어보기도 하고, "혼자 해 보니까 좋지?"라고 말하면서 다른 사람들로부터 자신의 능력을 인정받는 기분을 들게 하는 것이다. 좀 더 소극적인 아이인 경우에는 "기분이 좋니?"라고 질문해 주고 아이가 고개를 끄덕이는지 확인해 볼 수도 있다. 일이 끝난 후에 아이가 갖는 느낌을 스스로 기억하게 해 주는 것은 자긍심을 심어 주는 데 효과적이다.

아·이·케·어·키·워·드!

자발적으로 자신의 일을 하지 않거나 시키면 마지못해서 하는 아이들은 자립성이 낮거나 어른들이 할 일을 대신해 준 적이 많은 경험을 가지고 있다. 그런 아이들의 문제 행동을 해결하기 위해서는 작은 목표를 주고 **성취감**을 심어 주는 것이 필요하다.

거짓말하는 아이

아이들이 자라면서 하나씩 늘어가는 것 중 하나가 거짓말이다. 일반적으로 아이들의 거짓말은 만 3세부터 시작되는데 이 시기 아이들의 거짓말은 특별히 나쁜 의도가 없이 부모로부터 관심을 받기 위함이 주목적이다. 그렇지만 7세 이후의 거짓말은 어른을 속이기 위한 거짓말일 경우가 많기 때문에 거짓말이 몸에 배기 전에 거짓말을 줄일 수 있도록 교육을 시켜야 한다.

사실 거짓말하는 아이들은 대부분 이유가 있다. 어른들과 달리 상상 속의 일들을 명확히 현실과 구분 짓지 못하는 경우가 많기 때문이다. 이처럼 상상 속의 거짓말을 하는 경우에는 아이의 거짓말에 대해 너무 민감하게 반응하기보다는 이해하는 마음으로 아이를 대해야 한다.

아이가 거짓말을 하는 경우 그 이유가 무엇인지 한번쯤 생각해 보아야 한다. 그리고 아이가 거짓말을 한 사실을 알았다고 하더라도 부모가 쉽게 흥분하고 소리를 지르는 것은 금물이다. 이때에는 흥분을 가라앉히고 왜 거짓말을 했는지 이유를 찾은 후 아이가 당황하지 않도록 차근히 대화를 나누는 것이 좋다. 그리고 비록 거짓말일지라도 아이의 말을 잘 들어 주고 자연스럽게 대화를 유도함으로써 거짓말을 통해 아이가 원하는 것이 무엇인지를 파악하고 마음을 열 수 있도록 만들어 주어야 한다.

일반적으로 아이들은 사소한 것부터 거짓말을 한다. 하지만 스스로 잘못한 것이라고 인식하기 어렵다. 따라서 거짓말로 부모의 관심을 받을 수 있다고 착각하는 것이다. 아이가 자주 거짓말을 한다고 해도 부모로서는 일관성 있는 반응을 보이는 것이 바람직하다.

그리고 아이가 거짓말을 털어놓으면 혼내기보다는 칭찬해 주는 것이 좋다. 대부분 부모들은 거짓말하는 아이에게 '사실대로 말하면 용서해 준다'고 해놓고는 아이가 사실대로 말하면 혼내는 경우가 많다. 그렇게 되면 사실대로 말해 봤자 혼난다고 생각하기 때문에 상황을 모면하기 위해 아이는 또 다른 거짓말을 하게 된다. 이처럼 거짓말이 거짓말을 낳는 상황을 만들지 않기 위해서는 거짓말을 털어놓았을 때 혼을 내기보다는 칭찬을 해 주도록 한다.

아이들의 거짓말은 어른들의 눈에 훤히 다 보이는 거짓말들이다. 심하게 야단치거나 소리를 지르기보다는 "자꾸 거짓말을 하면 피노키오처럼 코가 길어진다"는 식으로 대화하며 거짓말이 나쁘다는 것을 인식시켜 주는 것이 좋다. 단, 다른 사람에게 피해를 주는 거짓말을 한 경우에는 엄하게 혼을 내고 다른 사람이 그런 거짓말 때문에 피해를 입을 수 있다는 것을 확실하게 인식시켜 주어야 한다.

아이가 부모에게 어떠한 말을 했을 때 이해해 주고 화내지 않고 들어 준다면 거짓말을 할 이유가 없다. 그러나 작은 일에도 부모가 쉽게 화를 내고, 질책하고 비난을 할 경우에 아이들은 자연스럽게 도망가고 싶은 마음이 든다. 이것이 거짓말을 하는 가장 큰 이유일 수도 있다. 그만큼 부모와의 소통이 어렵다는 것이고 부모를 편하게 대하지 못하는 것이다.

아이들은 부모가 보여 준 행동이나 말을 따라 한다. 거짓말이나 욕설을 잘하는 아이 뒤에는 그 부모가 존재하는 법이다. 양육태도라는 것은 부모의 가치관과 연결된다. 그래서 아이에게 가르치거나 잘못을 고치려고 하기보다는 부모가 먼저 모범을 보이고 솔선수범을 해야 한다.

이렇듯 아이들의 거짓말 버릇을 고치는 최고의 방법은 부모가 먼저 모범을 보이는 것이다. 아이들의 성향 중 중요한 것은 모방의 심리다. 아이들은 스스로 배우는 것보다 부모나 주변 사람들로부터 그것을 배우는 경우가 많다. 흔히 어른들도 아이들에게 수시로 거짓말을 하고 속이는 경우가 있다. 아주 사소한 것이라도 아이들에게는 그것이 상처가 되고 학습이 될 수 있다. 설사 부모가 장난삼아 거짓말을 자주 한다면 아이들은 그것을 배우기 마련이다.

이러한 점을 염두에 두고 아이들과 한 약속은 가능한 지키는 것이 좋다. 단지 그 순간을 넘기기 위해서 아이들을 속이는 것은 위험한 방법이다. 부모는 아니라고 하지만 결국 거짓말을 하는 아이들의 문제는 가정에서 시작된다는 것을 명심해야 한다.

아이는 부모의 거울이라고 한다. 아이가 상황을 모면하려고 거짓말을 습관적으로 한다면 부모가 먼저 자신을 되돌아보고 잘못을 찾아야 한다. 그 후 아이의 마음을 **일관성** 있게 이해하도록 노력해 보자.

소리부터 지르는 아이

아이들은 대개 만 2세부터 자아가 형성되기 시작한다. 이 무렵 아이들은 자신의 의사를 표현하기 시작한다. 그러나 각종 욕구가 생겨나지만 말로 정확하게 자신이 원하는 바를 표현하기에는 아직 역부족이다. 의사소통의 어려움을 느낀 아이는 자신이 할 수 있는 모든 수단을 동원하는데, 그중 하나가 바로 악을 쓰며 소리를 지르는 행동이다.

많은 사람들 앞에서 고래고래 소리를 지르는 것도 모자라 악을 써대는 아이 때문에 쥐구멍이라도 찾고 싶어지는 것이 이 연령대 아이들을 키우는 부모들의 하소연이기도 하다.

아이가 소리를 지르고 떼를 쓴다고 해서 부모가 아이의 요구를 다 들어주게 되면, 아이는 소리 지르고 떼를 쓰면 다 된다는 생각에 계속해서 소리를 질러 자신의 의사를 표현하게 된다. 이러한 행동이 반복되면 고치기도 힘들고 아이의 인성에도 좋지 않은 결과를 초래하게 된다.

일반적으로 만 2세 이후의 아이들은 감정표현과 조절이 모두 미숙해서 단순한 흥분에서부터 욕구좌절 상황에 이르기까지 다양한 상황에서 소리를 지른다. 이때부터는 부모의 적절한 통제가 필요하다. 아이들은 부모의 통제에 의해 자신의 감정과 행동을 조금씩 조절해 나가기 때문이다.

자신의 생각을 말로 표현할 수 있는데도 불구하고 소리를 지르거나 울고불고 고집을 부리면서 떼를 쓴다면 무관심으로 대하거나 분명한 제재를 통해 아이의 행동을 바꿔 나갈 수 있다.
중요한 것은 아이가 소리를 지른다고 해서 달라지는 것은 아무 것도 없다는 점을 깨닫게 해 주어야 한다. 원인에 따라 행동의 기준을 분명히 정해 두고 그 선을 넘을 경우에는 안 된다는 것을 단호하게 알려 줘야 한다.

정당한 이유로 고집부리는 것이 아니라 무조건 자기 하고 싶은 대로 하겠다고 고집을 부리고 있다면 객관적으로 바라보고 아이에게 필요한 충고와 꾸중을 해 주어야 한다. 간혹 '시간이 지나면 해결되겠지', '나이가 들면 나아지겠지'라고 생각하는 부모들도 있다. 하지만 그대로 두면 결국 아이에게 쩔쩔매는 부모가 되고, 아이는 나이가 들어도 좋아지지 않는다. 아이가 소리를 지를수록 "안 돼!"라고 짧고 단호하게 말한 뒤, 아이 스스로 생각하고 감정을 다스리도록 시간을 주는 것이 좋다.

소리 지르는 아이에 대한 대처 방법을 알아보자.

첫째, 아이와 함께 규칙을 정한다. 이때 주의할 점은 엄마아빠 마음대로가 아니라, 아이와 함께 정해야 한다. 그리고 규칙을 어길 경우를 대비해서 적당한 벌도 정한다. 정해진 규칙을 부모가 먼저 잘 지켜 주고 아이가 잘 지킨다면 칭찬해 준다. 이러한 과정을 통해서 아이는 자기가 해야 할 일, 하지 말아야 할 일을 생각하게 된다.

둘째, 무시하는 것이다. 소리 지르는 아이에 대한 여러 가지 대처 중 가장 중요한 것은 '무시'다. 떼를 쓰며 소리를 질러도 동요하지 말고 그 장소를 벗어난다. 자신을 봐 주던 엄마아빠가 사라지면 아이는 대부분 소리 지르는 것을 멈추게 된다. 만약 부모가 사라진 직후에 아이의 떼쓰기가 더 심해지더라도 단호하게 넘어가는 것이 중요하다.

셋째, 조용히 얘기할 때만 반응을 보인다. 아이가 소리를 지르며 말을 할 때는 "소리를 지르면 알아들을 수 없으니 작은 목소리로 말을 해 달라"고 아이 눈을 보며 차분히 말을 건넨다. 그리고 아이가 조용한 말로 차분히 이야기할 때 관심을 보이고 칭찬해 준다. 아이가 조용히 이야기할 때만 반응을 보이면 아이는 앞으로 자신이 어떻게 말하고 행동해야 하는지 깨닫게 된다.

이런 태도로 아이를 지도하는데도 여전히 소리를 지른다면 주변에 소리 지르는 버릇을 가진 사람이 있어 아이가 따라 하는 것은 아닌지 살펴봐야 한다. 아빠나 엄마가 소리 지르는 것을 아이가 따라 할 수도 있다. 그리고 아이가 평소에 어떤 점에서 스트레스를 받는지도 확인해 봐야 한다. 부모와 감정적인 교류가 잘 일어나지 않거나, 부모가 아이와의 약속을 잘 지키지 않고 대수롭지 않게 생각한다면 아이는 부모에게 믿음을 갖지 못하며 타이르는 말 역시 받아들이지 않을 수 있다.

아·이·케·어·키·워·드!

의사 표현을 하고 싶은데 방법을 잘 몰라 소리부터 지르는 행동을 보이는 아이가 있다. 그럴 때는 "안 돼!"라고 짧고 단호하게 말한 뒤, 아이 스스로 생각하고 감정을 다스리도록 시간을 주거나 점점 심해질 때는 단호히 무시하며 그 장소를 벗어난다. 그리고 조용히 말할 때만 아이에게 집중하며 칭찬해 준다.

남의 물건 가져오는 아이

아이들이 남의 물건이나 가게의 물건을 몰래 가져오면 이런 일을 처음 겪은 부모들은 대부분 걱정스럽고 당황하여 다음에 또 이런 일이 재발하지 않도록 야단을 치거나 벌을 주는 경우를 볼 수 있다. 그러나 아이들은 그것이 나쁜 행동이라는 것을 모른다. 대체로 5세 정도가 되어서야 나쁜 행동이라는 것을 깨닫게 된다.

일반적으로 4세 미만 아이가 다른 사람의 물건을 말없이 가져오더라도 크게 걱정하지 않아도 된다. 이 시기의 아이들이 남의 물건을 들고 오는 것은 아직 소유에 대한 개념이 충분히 발달되지 않기 때문이다. 이런 이유로 친구의 물건이나 어린이집 등에 있는 물건 중 흥미를 끄는 것이 있으면 갖고 싶어서 참지 못한다. 자기 장난감이 아닌데도 친구의 장난감을 마치 자기 것처럼 뺏으려고 싸우는 일이 번번이 일어나는 것도 이 때문이다. 따라서 남의 물건을 가져오는 것을 '도벽'이라고 확대해석할 필요도 없고 크게 걱정할 필요도 없다.

이처럼 아이가 남의 물건을 가져오는 것은 아직 '소유'에 대한 개념 부족에서 비롯되므로 먼저 자기가 마음대로 할 수 있는 자기 물건과 그렇지 않은 물건, 즉 남의 것이 있다는 것을 꾸준히 알려 주어야 한다. 또 주인의 허락 없이 남의 물건에 손을 대서는 안 된다는 것도 알려 주어야 한다.

만약 아이가 소유에 대한 개념은 확실하면서도 남의 물건을 가져온다면 이것은 도덕성이 결여되어 있거나 소심한 성격, 다른 것을 얻고 싶은 것에 대한 대리욕구, 호기심 등 여러 원인이 있을 수 있으므로 왜 그런 버릇이 생겼는지 원인을 먼저 파악해야 한다. 하지만 아이가 어리더라도 또 그 이유에 상관없이 아이의 잘못은 지적해야 한다. 아이에게 옳지 않은 행동임을 설명하고, 남의 물건을 가져올 경우 아끼는 것을 잃어버린 남의 마음을 이해시키도록 하는 것이 좋다.

그리고 아이가 가져온 물건은 반드시 되돌려 주도록 해야 한다. 아이가 물건을 가져왔을 때 잘못된 행동이라는 것을 이해시키고 어떻게 돌려줄 것인가를 아이와 의논해 아이가 선택한 방법대로 하는 것이 바람직하다. 이 경우 아이를 당장 물건 주인에게 데려가 되돌려 주며 용서를 빌도록 하는 것은 아이에게 상처를 줄 수 있으므로 그리 좋은 방법은 아니다. 평소 남의 물건을 가져오는 습관이 고착되지 않도록 바로잡아 주어야 하며 다그치거나 야단치는 것보다는 원인을 찾아 보다 많은 사랑과 관심을 갖고 지켜보는 것이 중요하다.

아이가 남의 물건을 가져오게 될 경우 우선 그 이유나 원인이 무엇인지를 탐색하고, 만약 충족되지 않은 욕구나 불만족이 있다면 그 부분을 대화로 나누고 해결해 나가려는 부모의 노력이 필요하다. 그리고 자신이 갖고 싶은 것이 있을 때, 그걸 부모한테 직접 말하지 못하고 다른 사람의 것을 몰래 가져오게 되는 것이 무슨 이유 때문인지, 또한 아이가 이런 마음을 부모와 나누는 데 어떤 걱정이나 어려움이 있는지 살펴보아야 한다.

남의 물건을 가져오는 행동은 처음에 확실하게 잡아 주지 않으면 그 생각들이 중독처럼 고치기 힘들어진다. 그렇기 때문에 안 되는 것과 되는 것에 대한 부모의 명확한 철학이 있어야 한다. 아이가 남의 물건을 가져왔다면 내 것과 남의 것은 다르다는 것을 확실하게 인지시켜야 한다. "이것은 다른 사람 물건이니까 가져오면 안 돼. 그러니까 돌려주자"고 조용히 타이른다. 그런데도 불구하고 아이가 매우 갖고 싶어 한다면 아이에게 직접 빌리도록 하고 언제까지 돌려줄 것인지 약속하게 한다. 그리고 동네 슈퍼나 가게에서 물건을 가져오면 아이와 함께 가서 계산을 치른다. 슈퍼나 가게에서 물건을 가져올 때는 반드시 돈을 주고 가져와야 한다는 것을 가르치는 것이다.

　만약 아이에게 벌칙을 줄 때는 아이가 실천하고 감당하기에 과한 벌을 준다거나 용돈을 주지 않는 등의 방법은 바람직하지 않다. 그럴 경우 아이는 또 자신이 필요한 것을 채우기 위해 다른 사람의 물건에 손을 대는 일이 반복해서 일어날 수 있기 때문이다. 벌칙은 꼭 실천 가능한 것이어야 한다. 그런 다음에 갖고 싶은 것이 있을 때에 어떻게 대처할지, 또 이런 일이 생겼을 때에 어떻게 책임질 것인지도 미리 대화로 나누고 정해서 아이에게 이런 일이 또 벌어졌을 때 스스로 대처할 수 있도록 해 주는 것이 중요하다.

그러나 부모의 이러한 노력에도 불구하고 아이의 행동이 개선되지 않고 지속된다면 전문 상담기관을 방문하여 상담을 받아 보는 것이 좋다.

아·이·케·어·키·워·드!

4세 미만의 아이는 **소유의 개념**이 부족하다. 남의 물건을 가져왔다고 해서 무조건 도벽으로 모는 것은 바람직하지 않다. 남의 물건을 허락도 없이 가져오는 것은 옳지 않은 행동임을 설명하고, 물건을 잃어버린 사람의 속상한 마음을 이해시키는 것이 바람직하다.

참을성이 부족한 아이

참을성은 내가 하고 싶은 대로 하지 않고, 옳은 일과 좋은 태도를 알고, 먼저 해야 할 일을 하는 것이다. 참을성을 배운 아이는 무엇을 얻기 위해 오랫동안 기다려야 할 때도 있으며, 그렇게 얻게 되면 기쁨도 더욱 커진다는 것을 알게 된다.

유아들이 어떤 일에 싫증을 잘 내고 중도에 그만두는 원인은 주의집중 시간이 매우 짧고 새로운 것에 더욱 흥미를 갖기 때문이다. 예를 들어 유아들이 TV 광고를 좋아하는 것은 짧은 시간에 많은 새로운 장면들이 바뀌기 때문이다. 이렇듯 유아들은 새로운 자극에 호기심과 관심을 갖기 때문에 인내심을 가지고 한 가지 일을 끝내기가 어려울 수 있다. 어른들도 한 가지 일을 오랫동안 하다 보면 싫증이 나는 것처럼 유아들도 한 가지 활동을 계속하다 보면 지루함을 느껴 중도에 그만둘 수도 있다.

참을성이 부족한 아이들을 보면 모든 것을 엄마(부모)가 알아서 해 주는 일이 많은 경우다. 이렇게 아이가 원하지도 않을 때 미리미리 챙겨 주면 아이는 무언가를 스스로 하고 싶은 욕구가 사라지게 된다. 아무리 자식이 사랑스럽고 신경 쓰여도 모든 것을 알아서 해 주는 것은 오히려 참을성이 없어지게 만드는 일이다.

참을성이 없으면 자신이 원하지 않는 것을 시키거나 원하는 것을 얻지 못하는 상황이 될 때, 스스로를 통제하지 못하고 짜증을 내고 또래들과 싸우는 등 폭력적인 행동을 하게 된다. 처음에는 죄책감을 가지지만 계속 지속되면 습관적으로 폭력적인 행동을 저지르며 점점 죄책감이 없어진다.

폭력적 성향 못지않게 두드러진 특징은 과다한 의존성이다. 어렵다는 생각이 들면 문제를 해결하려는 의지를 보이지 않고 바로 다른 사람에게 도움을 요청한다. 참을성이 없기 때문에 문제 해결을 기다리지 못하고 의존적으로 해결하려는 것이다. 의존적인 성향을 갖게 되면 점점 의지박약 상태가 될 위험성이 있다.

아이의 참을성을 길러 주기 위해서는 먼저 부모부터 참을성을 길러야 한다. 무슨 일이든 아이가 성숙하게 받아들이기 위해서는 시간이 필요하다. 아이가 못한다고 바로 지적하거나 혼내기보다는 스스로 하기까지 기다려 줘야 한다. 부모가 너무 서두르고 안달하면 아이의 행동이 위축되거나 혹은 과도한 행동으로 나타나 정서적인 문제로 발전될 수 있다.

결국 참을성 있는 부모가 참을 줄 아는 아이로 키우는 것이다. 그런 부모라면 아이가 어떤 일을 할 때 미적거리거나 주저하는 경우가 있어도 다그치거나 흥분해서 화를 내지 않는다. 아이를 믿고, 인정하며, 느긋하게 기다려 주어야 한다. 아이를 인내할 줄 알고, 기다릴 줄 알며, 배려할 줄 알게 키우려면 아이가 무슨 일을 하든지 조바심을 갖거나 빨리하라고 요구하지 않아야 한다. 부모가 느긋하게 기다려 주고 인내하는 모습을 보여 주어야 한다.

아이가 귀엽다고 무조건 원하는 것을 다 챙겨 준다고 해서 부모의 바람대로 자라지 않는다. 그보다도 아이 스스로 끈기를 갖고 문제를 해결할 수 있도록 가르쳐야 한다. 조금 부족하면 부족한 대로 아이 스스로 채워 가며 만족해야 한다. 그래야 자기가 원하는 것을 가지려면 기다려야 하고, 참아야 한다는 것을 알게 된다. 세상을 살려면 참고 인내하는 덕목이 필요하다는 것을 아이 스스로 깨달아야 한다. 아이는 그렇게 자라야 한다.

좋은 부모라면 먼저 아이의 개성과 행동 특성을 잘 살펴야 한다. 아이와 정기적으로 의견을 나눌 자리를 마련하는 것도 중요하다. 그런 헤아림이 아이의 삶을 지지한다면, 세상은 자신의 뜻대로만 되는 것이 아니라 참아 내는 끈기가 필요하다는 것을 스스로 깨닫는 것은 물론, 반듯한 아이로 자라게 된다. 그런 끈기와 사랑이 버무려진다면 아이는 자기가 하는 일이 조금 힘들고 어렵더라도 쉽게 포기하지 않는다. 문제 사태에 직면하여 그것을 해결하려고 노력하는 강하고 용기 있는 아이로 자라게 된다. 참을성이 있는 부모한테 아이도 그 참을성을 배우게 마련이다.

아 · 이 · 케 · 어 · 키 · 워 · 드 !

참을성 있는 부모가 참을 줄 아는 아이로 키운다. 아이가 어떤 문제에 직면해서 힘들어하거나 실수하더라도 부모가 나서지 않고 따뜻한 시선으로 지켜봐 주는 자세가 필요하다.

난폭한 아이

　어린이집을 운영하면서 아침에 원에 출근할 때나 오후 하원 시간이면 자녀를 바래다주고 기다리는 어머니들끼리 서로 인사를 주고받는 것을 보게 된다. 무심결에 그들의 대화를 엿듣게 되는 경우도 생긴다. 대부분 엄마들은 이러한 관계를 통해서 우리 아이가 집에서는 말하지 않는 여러 가지 정보를 얻기도 한다. 예를 들어 어떤 행사에 누가 대표로 나가게 되었는지, 누가 친구들이랑 자주 싸워서 친구들에게 인기가 없고, 누가 선생님한테 혼났는지 등등이다. 이때 공통적으로 얻게 되는 정보는 난폭한 아이는 선생님이나 친구들 어느 누구에게도 인기가 없다는 것이다.

아이들 중에 화가 나면 감정 조절을 하지 못하고 물건을 던지거나 또래 친구들을 때리고 소리를 지르는 등 난폭한 행동을 하는 것을 볼 수 있다. 혼을 내거나 타일러도 그때뿐이고 문제 행동이 좋아지지는 않는다. 어떤 부모들은 아이의 난폭한 행동을 '남자아이는 그러면서 크는 거야' 또는 '아직 어리니까 크면 나아지겠지' 하는 생각으로 호지부지 넘겨 버리기도 한다.

그러나 아이의 이러한 문제 행동을 어릴 때부터 바로잡지 않으면 아이는 자신의 이상행동을 문제로 인식하지 못한 채 자라기 마련이다. 이런 상황을 그대로 방치하면 아이는 자라면서 다른 친구들을 괴롭히는 나쁜 아이로 성장할 수 있고, 난폭한 성향 때문에 친구들에게 집단 따돌림을 당하거나 친구관계에 심각한 문제가 발생할 수 있다. 그 결과 아이는 자신이 다른 사람들에게 인정받지 못한다고 생각해 적개심을 갖고 분노, 피해의식, 반항심 같은 감정을 키워 나갈 수 있다는 것이 전문가들의 의견이다.

아이의 난폭한 행동은 대부분 욕구불만 때문에 나타나는 경우가 많으므로 우선 원인을 파악하고 단호하고 일관된 양육 태도를 보이는 것이 중요하다. 아이가 난폭해지는 원인은 기질적인 원인과 환경적인 원인을 들 수 있다. 그러나 난폭한 아이들도 교육에 의해서 고쳐질 수 있기 때문에 난폭한 아이들의 경우 부모의 양육 태도나 환경으로부터 기인하는 경우가 많다.

화를 낸다는 것은 감정의 문제이므로 누구나 화를 낼 수 있다. 난폭한 아이는 자신의 감정을 표현하는 데 서툴기 때문에 의사소통의 수단으로 말 대신 폭력을 사용한다. 난폭한 아이들은 상대적으로 친구가 별로 없는 경우가 많으며, 다른 아이들에 비해 다양한 친구들과 어울릴 기회가 적을 수 있다. 이것은 또래들과 우정을 유지하고 올바른 친구관계를 만드는 사회적 기술에 대해 배울 기회를 많이 접하지 못하게 되는 악순환을 야기한다. 물론 친구가 별로 없다는 것이 폭력성의 직접적인 요인이 될 수는 없지만 인기가 없다는 것은 소외감을 야기시킬 수 있기 때문이다.

지나치게 아이의 행동을 통제하거나, 반대로 지나치게 아이의 모든 행동을 허용해 주는 때에도 아이의 성향이 난폭하게 변할 수 있다. 또한 주변에 난폭한 행동을 하는 사람이 있는 경우나 TV 등 대중매체나 게임의 폭력적인 장면도 아이를 난폭한 성향으로 만드는 데 일조를 할 수 있다.

난폭한 아이들의 심리 상태를 보면, 적극적이고 충동적인 경우도 있지만 의외로 위축되어 있고 불안을 느끼거나 우울해 있는 경우가 많다. 그러므로 아이의 마음속에 안정감이나 행복감을 채워 주려는 부모의 노력이 필요하다. 욕구 불만을 발산하도록 평소 아이의 말에 귀를 기울여 주는 태도가 필요하다.

아이가 난폭한 행동을 보이기 시작한 상황의 구체적인 이유를 차분하게 물어보고 살펴봐야 한다. 추궁하듯이 캐묻는 것보다는 "엄마도 이럴 때 화가 나는데 넌 무엇 때문에 그러니?"라고 구체적으로 물어보는 것이 좋다. 어른에게는 사소한 일일지라도 아이에게는 화가 나는 일이 될 수 있다는 점을 염두에 두고, 난폭한 행동이 나오기 전에 무슨 일이 있었는지, 가령 뭔가 뜻대로 되지 않은 일들이 반복적으로 일어나 참았던 화가 폭발해서인지, 부부간 다툼이 근래에 빈번히 있었는지, 갑작스러운 환경변화는 없었는지 등 이유를 살핀 다음 먼저 아이 행동의 원인이 되는 상황을 되도록 줄여 주도록 한다.

아이의 폭력성을 줄이는 가장 좋은 방법은 칭찬을 통해 올바른 행위를 북돋는 것이다. 즉, 아이가 난폭하게 굴지 않고 다른 아이와 사이좋게 놀 때 이를 칭찬하면서 아이의 올바른 행동을 유도하는 것이다. 아이가 화를 많이 내고 남의 탓을 많이 한다면 무엇보다 아이를 인정해 주고 자신감을 갖도록 북돋아 주는 것이 절실하다. 아이의 문제 행동은 대부분 부모의 부족한 사랑에서 오는 것이므로 아이의 화난 감정은 공감해 주되 잘못된 행동은 하지 못하도록 일관성 있게 지도해 주면서 꾸준한 애정표현을 해 주어야 한다.

주의할 점은 지나친 체벌은 금물이라는 것이다. 아이의 난폭한 행동을 바로잡기 위해 따끔하게 혼내 줘야 한다고 생각하고 체벌하는 경우 일시적 효과는 있지만 부모와의 관계를 악화시키고 부모에 대한 부정적 이미지를 갖게 하므로 삼가는 것이 좋다. 난폭한 아이에게 소리를 지르고, 야단치고, 때리는 방법을 쓰면 아이를 더욱 공격적으로 만들 수 있다. 아울러 부모 자신이 화난 상태에서 야단을 치는 것은 안 되며 부모 스스로도 화가 날 때 순간적으로 벗어날 수 있는 방법을 찾아보는 지혜가 필요하다.

아·이·케·어·키·워·드!

난폭함은 아이의 사회성을 위해서도 **꼭 바로잡아야 할 문제 행동**이다. 대부분 욕구불만 때문에 폭력성이 나타나는 경우가 많은데 정확한 원인을 찾아 부모의 양육 태도나 환경을 바꾸어 주어야 한다.

부록

아이의 문자습득 교육, 언제가 좋을까?

"아이의 능력에 따른 적기 교육이 필요하다!"

아이가 말을 배우기 시작할 때면 부모들의 가장 큰 고민 중 하나가 바로 문자(한글) 교육이다. 또래 아이들의 언어 능력과 비교하며 내 아이는 언제부터 어떻게 한글을 가르쳐야 할지 갈피를 못 잡는 경우가 많다. 문자 교육을 시작하는 시기에 대해서는 학자나 전문가들 사이에서도 의견이 분분하다. 이는 유아의 언어 발달 정도의 개인차가 크게 나타나기 때문이다. 하지만 많은 전문가들이 동의하는 부분은 아이가 문자에 관심을 보일 때 시작하는 것이 좋다는 데는 의견이 일치한다.

언어 발달의 측면에서 살펴보면, 문자 교육을 위해서는 아이가 구사할 수 있는 어휘의 수가 50~100개 정도 되어야 한다. 일반적으로 24개월 무렵에는 이 정도의 어휘 습득이 가능하다. 그러나 아이들마다 언어 발달 시기나 문자에 흥미를 느끼는 시기 등에서 개인 차이가 크므로 아이의 개별적인 능력에 따라 그 시기도 달라질 수 있다.

문자에 대해서 흥미를 갖는 것이라든지, 그 시기의 빠름과 늦음에는 아이마다 개인차가 있다. 빠른 아이는 2세 정도부터 흥미를 나타내고, 늦은 아이는 5세가 되어서도 자발적인 흥미를 보이지 않기도 한다. 이런 이유로 문자 지도는 아이에게 일률적으로 지도할 것이 아니라, 개인차를 존중하며 그 싹이 발아할 기회를 주도록 지도해야 한다.

문자에 흥미를 갖는 아이는 일반적으로 책을 읽고 싶어 하며 지능이 높거나 조숙한 아이가 많다. 그렇지 않은 아이는 책을 읽고 싶어 하지 않으며 지능이 낮거나 늦게 발달하는 아이다. 그러나 지능의 높고 낮음에 관계없이 대부분 아이들은 흥미나 활동이 문자나 책과 같은 정적인 것보다 활동적인 것을 향해 에너지가 소비되기 때문에 문자에 흥미가 없거나 문자 외에 다른 정적인 방향에 쏠리는 경우가 있다.

아이가 문자에 대해 흥미를 느낄 때는 그림책이나 동화를 준비해서 생활 속에서 자극을 주는 것이 좋다. 특히 재미있는 이야기를 재미있는 표정이나 몸짓을 곁들여 읽어 준다거나, 글자 속에 재미있는 것이 포함되어 있다는 기분이 들도록 자극해 주는 것도 효과적이다. 아이에게 문자 교육을 급히 서둘러 강제하면 흥미를 잃고 의무감에 눌리므로 우선 문자의 뒷면에 있는 재미있는 세계에 매력을 느끼도록 해 주면 아이는 점차 문자에 흥미를 갖게 된다. 요컨대 활자를 가르치는 것보다도 문자 생활의 풍성한 분위기에서 문자에 대한 자극을 주는 것이 중요하다.

이 과정에서도 아이의 개인차를 중시하는 것이 중요하며 놀이에 익숙한 아이는 놀이나 게임 형식을 통해 문자 지도를 하는 것이 효과적이다. 특히 중요한 것은 가정에서 부모나 형과 누나들이 공부하는 분위기와 환경을 조성해 주고 여러 가지 사물에 이름을 써 붙여 일상생활에서도 항상 학습적인 분위기를 조성해 주고 아이에게 억지로 글쓰기 활동을 강요하지 않도록 한다. 문자 교육을 급히 서둘러 강제로 시키다 보면 아이는 흥미를 잃고 의무감에 눌리기 쉬우므로 부모가 안달하는 경우가 없어야 한다.

문자가 편리하고 도움이 되는 것이라는 생각을 아이들에게 느끼게 하기 위해서는 부모가 일상 속에서 책을 읽어 주는 일을 생활화해야 한다. 또 아이가 들으면 가르쳐 주고 듣지 않으면 먼저 앞서 가지 말고 다른 아이와 비교하지 않는 이야기를 들려주어야 한다. 요컨대 부모는 글자를 가르치는 것보다 문자생활의 풍성한 분위기에서 문자에 흥미와 자극을 주는 것이 중요하다.

실제로 문자 교육을 시작할 수 있는 적기는 아이의 부모가 생각하는 바로 '그 때'라 할 수 있다. 한글 학습에 대한 준비는 아이에게만 필요한 것이 아니라, 아이와 한글 세계를 중재해 줄 엄마 모두에게 필요하다. 다시 말해 엄마가 아이와 함께 한글 학습을 시작해야겠다고 마음먹는 그 순간부터 한글 학습을 시작할 수 있다. 엄마가 준비되지 않으면 아무 소용이 없다. 단, 할 수도 없고, 하기도 싫어하는 아이에게 억지로 빨리 가르치려는 엄마의 욕심 때문에 하는 '조기 교육'보다는 '적기 교육'이 중요하다는 것을 각별히 유념해야 한다.

소심하고 예민한
아이케어

또래들과 잘 어울리지 못하는 아이

부끄럼을 많이 타는 아이

표현력이 부족한 아이

주의집중을 못하는 산만한 아이

편식하는 아이

똑같은 놀이만 하는 아이

잘 우는 아이

동작이 느린 아이

손가락을 빠는 아이

수줍어하며 부모에게 의존하는 아이

겁이 많은 아이

소심하고 소극적인 아이

응석이 심한 아이

잠자리에서 오줌을 누는 아이

또래들과 잘 어울리지 못하는 아이

최근 맞벌이 부부가 많아지고 자녀도 한두 명만 낳는 사회적 현상과 맞물려, 아이들에게 또래 관계의 중요성이 점점 커지고 있다. 아이들 중에는 활발하고 낙천적이고 주변 친구들과 잘 지내는 아이가 있는 반면 자신감이 부족하고 친구들과 어울리는 것에 대해서 부담을 느끼며 힘들어하는 아이들도 있다. 세상에는 다양한 유형의 아이들이 있기 때문이다. 하지만 어릴 때부터 사람들과 어울리지 못하는 아이들은 시간이 지나도 그 성격을 쉽게 고치지 못하기 때문에 부모들의 각별한 관심이 필요하다.

학자들에 의하면 아이의 사회성 발달은 만 3세 이후에 본격화된다고 한다. 실제로 원에서 살펴보면 만 2세까지는 한 공간에 있어도 각자 다른 장난감을 가지고 노는 경우가 많은데 만 3세부터는 함께 블록 쌓기 등을 하며 놀기 시작하는 걸 볼 수 있다. 이때부터 또래 관계가 본격적으로 형성되는 것이다. 그리고 또래와 함께 놀면서 집에서 배우고 느낀 점을 시험해 보고 자신의 생각도 확인해 보고 싶어진다. 이때 친구를 사귈 기회나 훈련이 없으면 친구를 사귀지 못하는 비사교적인 아이가 될 수 있다. 하지만 모든 아이들이 만 3세가 넘었다고 또래 관계에 능숙해질 거라 기대할 수는 없다. 단지 신체적·정신적으로 또래 친구들과 어울릴 준비가 되었다는 것이다.

일반적으로 사교성이 부족한 아이들은 대체로 심리적으로 위축된 경우가 많다. 속마음은 친구와 어울리고 싶지만 말을 걸었다가 혹시나 거절당하지 않을까 두렵고, 자기에게 말을 걸어오는 친구가 있어도 그 친구와의 관계가 악화될 때 오는 좌절감을 미리 염려해 뒤로 물러나 버리는 경우도 있다. 이와 같은 상태가 오래 갈수록 아이는 대인관계에서 더욱 폐쇄적이고 방어적으로 되어 버린다. 심지어는 낯선 사람을 만나는 것조차 두렵고 겁이 나는 것이다.

아이의 또래 관계는 신뢰가 깊은 부모-자녀 관계로부터 발전되기 때문에 부모들이 충분한 사랑을 주어야 한다. 자녀와 충분한 시간을 갖고 되도록이면 많이 놀아 주는 것이 좋다. 그리고 아이가 새로운 환경에 적응하지 못해 또래 관계에 어려움을 나타낼 수도 있다. 그럴 때는 아이의 또래 관계에 어려운 점이 어떤 것인지 관심을 갖고 물어보는 것이 도움이 된다. 이럴 경우 아이가 말하고 싶지 않아 하는 부분을 직접 물어본다면 숨기려 할 수도 있으니, 자연스럽게 대화를 끌어가는 것이 바람직하다.

또한 또래와 어울리는 경험 자체가 부족한 것이 주된 원인일 수 있다. 이럴 경우에는 또래와 놀 수 있는 환경을 제공해 주어야 한다. 우선 친구와 함께 노는 경험을 통해 친구와 지내는 요령을 배울 수 있도록 해 준다. 이 경우는 시간이 많이 필요할 수 있기 때문에 갑자기 여러 아이들 속에서 어울리는 것보다는 처음에는 둘씩 놀 수 있도록 해 주는 것이 좋다. 이것이 잘되면 단계를 높여 소집단으로 여럿이 노는 기회를 주는 것이다.

또래 친구들과 어울리지 못하는 아이에게 가정에서 부모들이 가장 먼저 해 주어야 하는 것은 자녀에게 자신감을 심어 주는 것이다. 아이가 자신감을 갖는 데 매우 좋은 것은 바로 칭찬이다. 잘하는 일에 대해서는 칭찬을 아끼지 말고 잘했다고 격려해 주고 더 많은 일을 하도록 응원해 주는 것이다. 부모에게 칭찬을 많이 받은 아이들은 밖에서도 자신감이 많은 모습을 보일 수 있고 그것은 친구들과의 관계에서도 영향을 끼치기 때문에 매우 중요한 부분이다. 이와 함께 자녀와 대화를 많이 하고, 아이의 이야기를 들어 주는 것이다. 아이가 친구들과 어울리지 못하는 것에서 고민을 갖는 것은 당연하다. 부모로서 조급하게 생각하지 말고 곰곰이 이야기를 나눠 보고 함께 해결책을 찾도록 노력해야 할 것이다.

그리고 아이에게 '왜 친구들과 어울리지 못하느냐'고 재촉하지도 말고 강요도 하지 않도록 한다. 부모 입장에서는 밖에서도 친구들과 재미있게 어울리는 것이 더 보기 좋을 것이고 그렇지 않다면 걱정이 되는 것은 당연하다. 그렇다고 아이에게 심적으로 부담을 준다면 더 위축이 되며 힘들어하게 된다.

아이들 가운데 분명히 친구들과 어울리지 못하는 아이들이 있다. 그럴 때 너무 걱정하기보다는 시간이 지나면 나아질 거라는 믿음, 그리고 아이가 혹시 마음에 갖고 있는 상처나 고민들을 들어 보기를 바란다. 해결책은 의외로 가까운 곳에서 나올 수 있다.

> **아·이·케·어·키·워·드!**
>
> 아이들의 또래 관계는 **3세**부터 본격화된다. 아이가 또래들과 제대로 소통하지 못한다면 부모들은 칭찬을 통해 아이에게 자신감을 심어 주는 것이 효과적이다.

부끄럼을 많이 타는 아이

　어린이집을 운영하면서 학부모 상담을 하다 보면 자녀가 부끄럼을 많이 타서 걱정하는 부모들을 볼 수 있다. 아이가 부끄러움을 타는 성격을 가지고 있다 할지라도 일상생활에 지장이 없고 본인의 만족도가 높으면 굳이 그리 신경을 쓸 필요는 없다. 하지만 다른 사람 앞에 잘 나서지도 못하고 낯선 사람을 보면 뒤로 숨는 아이를 보면 부모 입장에서는 속이 상하기 마련이다.

　아이들은 저마다 성격이나 기질을 조금씩 다르게 타고난다. 외향적인 아이들이 있는가 하면 내성적인 아이도 있다. 이것은 우열의 문제가 아니라 개성이기 때문에 어느 것이 좋다고 단정할 수 없다. 또 어렸을 때 부끄럼을 많이 탔던 아이들도 자라면서 리더십을 발휘하며 나서서 하는 일을 잘 해내는 경우도 볼 수 있다.

일반적으로 부끄럼을 많이 타는 아이는 다른 사람이 자신을 어떻게 바라보는지에 대한 걱정이 크다고 할 수 있다. 자신이 어떤 말과 행동을 했을 때 그것이 상대방에게 거절당하지 않을까 불안해하는 것이다. 또 자신을 싫어하거나 해치지 않을까 하는 두려움이기도 하고, 자신의 모습에 대해 자신감이 없음을 의미하기도 한다. 이러한 성향과 행동이 고쳐지지 않고 지속될 경우, 자라면서 본격적인 단체생활을 할 때 대인 관계를 회피하게 되고, 사회성 발달의 결여, 사회적 위축과 고립, 집단생활 부적응 등의 문제로 발전할 가능성이 높다.

대체로 부끄럼을 많이 타는 아이들은 자신의 그런 성격에도 불구하고 마음속으로는 다른 아이들과 함께 어울리기를 간절히 바란다. 단지 아이들에게 다가갈 용기가 없을 뿐이다. 그렇다고 해서 이런 아이에게 무작정 다른 아이들에게 다가가라고 말하는 것은 좋은 방법이 아니다. 또한 부끄럼을 많이 타는 아이를 나무라거나 다그치면 아이에게 '부끄럼 많은 아이'라는 사실을 인정하는 셈이다.

아이에게 낯선 상황이나 사람을 만날 기회와 스스로에 대해 긍정적으로 생각하게 하는 기회를 만들어 주는 것이 좋다. 아이가 가지고 있는 장점이나 특기를 살려서 스스로 유능하다는 것을 느끼게 해 주거나 주변 사람이 작은 일에도 칭찬해 주는 것은 자신감을 길러 주어 남 앞에 나서는 것을 도와주게 된다. 이를 위해 가족 앞에서 하루에 있었던 일을 이야기하게 하거나 좋아하는 동화를 읽고 그 느낌을 말해 보게 한다. 다만 아이들은 아주 천천히 변한다는 것을 잊지 말아야 한다. 그러므로 성급하게 앞에 내세우거나 억지로 시키지 않도록 하는 것이 중요하다.

부끄럼을 잘 타는 아이의 가장 잘못된 양육 방식은 아이를 못난 탓으로 돌리는 것이다. 아이의 소극적인 태도를 무조건 아이 탓으로 돌리면 아이는 더욱 자신감을 잃어버려서 오히려 부끄럼이 강화된다. 아이에게 겁을 주거나 위협하고 아이의 행동을 하나하나 지적하면서 앞으로 더 문제라는 식으로 말하면 아이에게 극심한 불안감을 심어 주기 때문에 바람직하지 않다. 그렇다고 다른 사람을 지나치게 배려하는 마음을 강요하는 것은 아이의 부끄럼을 더욱 강화시킬 수 있다. 부끄럼의 대상에게 무조건 다가가서 말을 걸라고 요구하는 것은 아이에게 엄청난 심리적 부담과 좌절을 안겨 줄 수 있기 때문이다.

부끄럼 많은 아이를 키우는 올바른 양육 방식의 가장 우선되는 항목은 아이의 말에 귀를 기울이는 것이다. 부모가 아이의 말에 진심으로 귀를 기울여 주면 아이는 자신이 존중과 이해를 받는다고 느끼며 건강한 자존감을 가지게 된다. 일단 아이가 건강한 자존감을 형성한 후에는 부끄럼을 극복하는 일이 보다 더 수월해진다. 그리고 아이의 말에 귀 기울이는 동안 아이의 입장이 되고, 아이가 말하는 것뿐 아니라 느끼는 것에도 집중해야 한다. 또 아이의 이야기를 듣는 동안은 부모가 질문하거나, 자신의 의견을 말하거나, 해결책을 제시하거나, 판단하는 것도 하지 말아야 한다.

이와 함께 아이의 긍정적 면에 관심을 가져야 한다. 아이에게 긍정적인 말을 자주해 주고, 때로는 작은 상을 주는 등 고전적인 방법이야말로 아이에게 용기를 북돋아 주는 좋은 방법이다. 아이가 부끄러워하면서 생기는 부정적 경험들을 줄이기 위해 아이가 언제라도 꺼내 쓸 수 있는 '긍정적 기억의 창고'를 만들어 주는 것이 좋다. 아이의 강점을 평가하고 인정하는 방법을 찾고, 부끄러

위하는 성격의 긍정적 측면을 바라보도록 하자. 부끄럼을 많이 타고 내성적인 아이는 대체로 생각이 깊고 자제심이 강하고 양심적이며, 타인의 필요와 감정을 배려하고, 상냥하고 친절하며 사랑이 많다고 한다.

아・이・케・어・키・워・드!

부끄럼을 많이 타는 것은 잘못된 행동이 아니라 그 아이의 기질일 뿐이다. 이런 아이들일수록 부모는 아이의 말에 **진심으로 귀를 기울이고 공감해 주는 태도**가 필요하다. 긍정적인 사고로 아이의 행동을 지지해 주자.

표현력이 부족한 아이

　표현력이란 생각이나 느낌 따위를 말이나 몸짓 등으로 나타내는 능력으로 유아기의 표현력은 유아가 경험하고 배운 내용을 바탕으로 남다르게 생각하고 스스로 표현하는 것이다. 유아기에 의사소통을 배우는 것은 매우 중요하다. 아이가 말로 표현하지 못하면 무엇을 이해하는지 정확히 알 수 없다. 또한 아이 자신이 언어적 경험을 통해 얻을 수 있는 발날능력에 장애를 받게 된다.

　일반적으로 표현력이 부족한 아이는 수줍음을 잘 타거나 친구를 잘 사귀지 못하거나, 새로운 상황에 잘 적응하기 어려운 행동을 보인다. 자기가 하고 싶은 이야기나 의견이 있어도 제대로 표현하지 못하고 친구들이나 다른 사람의 의견과 다른 생각을 가지고 있어도 이를 주장하거나 강하게 표현하지 못하는 아이라고 볼 수 있다.

가정이나 원에서 표현력이 부족하여 원활한 의사소통이 되지 않는 아이들 중에는 언어 발달에 장애를 가진 경우가 아니라면, 심리적으로 위축되어 자신의 욕구를 드러내지 못하는 경우가 많다. 이런 경우는 대부분 친밀감을 형성할 수 있는 관계에서 부적절한 감정을 경험함으로써 유발되었을 확률이 높다.

일반적으로 경험이 많이 부족하고, 배운 것들을 곧이곧대로 받아들인다면 표현하는 능력이 남들보다는 뒤처질 수밖에 없다. 표현력이 부족한 아이들의 부모들을 보면, 대부분 항상 어느 선까지만 아이를 놀게 해 주고, 어떤 틀에 맞춰서 놀게끔 하는 것을 볼 수 있다. 당장은 문제가 되지 않을 수도 있지만, 아이가 커가면서 부족한 표현력은 자신감 부족으로 나타날 수도 있다.

표현력이 부족한 아이들은 말을 거의 하지 않는다든지, 발표를 못한다든지, 대화보단 짜증을 많이 부린다. 그리고 주로 "싫어", "안 해" 등의 부정적인 어휘를 구사하는 경우가 많다. 이때, 아이가 좋아하는 활동으로 위로하여 자신의 감정을 나타내는 표현을 함으로써 자연스럽게 언어 발달을 유도할 수 있다.

유아들은 3세를 전후로 급격히 말이 늘게 된다. 이때 우리 아이가 표현력이 부족한 건 아닐까 의심해 보는 부모들이 있다. 그러나 이 시기에 표현력 부족으로 간주되는 아이의 경우 머릿속에서는 '이렇게 말해야지' 하면서도 첫 말을 꺼내는 것이 어려워서 자신의 생각을 잘 표현하지 못하는 경우가 대부분이다. 혹은 의사 표현이 부담스러워 정확한 단어를 말하고 싶어도 잘 떠오르지 않은 경우일 수도 있다. 이외에도 자신감의 결여나 소심한 성격, 외톨이로 지내는 시간이 많은 경우도 원인이 될 수 있다.

그러나 자기 생각 표현에 자신감이 없다고 해서 다른 능력도 부족하다는 생각은 금물이다. 표현하는 것은 여러 가지 능력들 중에서 하나에 불과하므로 지나칠 정도로 관심을 기울일 필요는 없다. 비록 표현력은 부족하지만 아이가 가진 다른 장점은 어떤 게 있는지 관심을 가지고 잘 살펴보면서 이를 발견하면 격려해 주며 자신감을 길러 주는 것도 효과적인 지도 방법이다.

유아기나 초등학교 저학년의 경우에는 친구들 앞에서 자기의 생각을 표현하는 기술이 부족할 수 있다. 가능한 한 자기의 의견을 묻고 발표하는 경험을 가정에서 가짐으로써 충분히 향상될 수 있다. 이 경우에도 지나치게 지시하거나 간섭해서는 안 되며, 부모들이 걱정하는 태도를 보이지 않도록 해야 한다.

표현력이 풍부한 아이로 키우고 싶다면, 어릴 때부터 어휘가 풍부한 환경을 제공하는 것이 좋다. 아이가 표현을 잘 못한다고 해서 언성을 높이거나 추궁해서는 안 된다. 부모가 추궁할 경우 아이는 오히려 주눅이 들어 말을 더듬거나 되풀이하는 습관이 들 수 있다. 아이가 적절한 표현을 찾느라고 뜸을 들이면 기다려 주고 아이가 말하고 싶어 하는 단어와 유사한 어휘들을 들려주도록 한다.

그리고 아이가 하는 말을 잘 받아 주는 것도 중요하다. 대화 중에도 끝까지 아이의 말을 성의껏 들어 주고 대꾸해 주는 자세가 필요하다. 이러한 부모의 자세가 아이의 의사표현에 자신감을 주는 것이다. 만약 자녀의 표현력이 부족하다고 생각되면 아이가 생각하고 이야기할 기회를 자주 만들어 주는 것이 좋다. 주제는 친숙한 것을 택하고 짧고도 재미있는 동화책을 읽어 주면서 사이 사이 질문을 던지면서 자연스럽게 표현력을 키워 주도록 하는 것이 바람직하다.

아·이·케·어·키·워·드!

어릴 때부터 **어휘가 풍부한 환경을 제공**해야 자신감을 가지고 대화를 이끌어 나갈 수 있다. 아이가 천천히 말하더라도 기다리며 성의껏 들어 주고 대답해 주는 자세가 아이의 의사소통에 자신감을 심어 준다.

주의집중을 못하는
산만한 아이

간혹 자녀와 함께 공공장소에 가거나 모임에 나가면 이리저리 뛰어다니는 아이 때문에 부모들의 신경이 곤두설 때가 있다. 부모는 하지 말라고 말리고, 아이는 어떻게든 하려고 하고…. 실랑이가 끊이질 않는다. 또 집에서 자녀가 혼자 놀이하는 모습을 지켜보면 한 가지 놀이를 오랫동안 하지 못하고 이것 만졌다 저것 만졌다 안정을 유지하지 못하는 것을 볼 수 있다. 이런 아이들은 어린이집에서도 블록놀이를 하는 듯하다가 어느새 간식을 먹는 등 한 영역에 집중하지 못하고 이곳저곳을 왔다 갔다 하면서 기웃거리는 것을 볼 수 있다. 이런 자녀를 둔 부모는 '우리 아이가 너무 산만한 것이 아닌가?'라는 고민을 하게 되고 착잡한 심정이 들기도 한다.

하지만 이렇게 침착하게 주의집중을 잘 못하고 산만한 행동을 하는 것은 분명한 이유가 있다. 이럴 경우 행동 자체를 탓하지 말고 아이를 산만하게 만드는 이유를 찾아보는 것이 중요하다. 그 후에 산만한 아이의 집중력을 높여 주려는 시도가 필요하다.

유아들은 원래 어른들에 비해 행동의 속도가 빠르고 활기가 넘치기 때문에 흥미가 쉽게 일어났다가도 없어지며 무척 유동적이다. 그러므로 잠시도 가만히 있지 못하는 것이 어린이집이나 유치원에 다니는 시기의 아이들 특징이라고 할 수 있다. 그러나 또래 집단에서 다른 유아들보다 유독 주의가 산만하다면 그것은 문제가 될 수 있다.

자녀가 침착하게 앉아서 놀이도 하고 한곳에 집중할 수 있기를 간절히 바란다면 원인이 무엇인지 찾아 도와주어야 한다. 이런 아이들에게는 우선 주변 환경을 차분히 만들어 줘야 한다. 아이의 정신을 어지럽히지 않게 집 안을 간결하게 정리하며 자녀 방에도 필요한 물건만 놓고 너저분한 것들은 치우는 것이 좋다. 그리고 아이와 함께 계획표를 작성해 글로 적어 놓고 체크리스트를 만들어 스스로 표시하도록 유도하는 것도 좋은 방법이다.

또한 자신의 행동으로 생긴 결과를 알게 하는 것도 중요하다. 아이가 딴청을 피우느라 밥을 늦게 먹을 경우 일정 시간이 지나면 음식을 치워 버리는 식으로 스스로의 행동에 책임을 지게 하는 것이다. 그리고 지나친 행동 통제에 의해 쌓인 스트레스를 풀어 줄 운동이나 악기를 배우게 하는 것도 아이에게 도움이 될 수 있다.

자녀를 양육하는 데는 적절한 통제와 보호가 필요하다. 과잉보호나 방임은 문제가 될 수 있다. 아이들에게 필요한 것은 무조건적이고 맹목적인 사랑이 아닌 절제된 사랑이다. 과잉보호했다고 생각되면 아이가 자신의 감정을 조절하도록 통제훈련을 해야 한다. 갑자기 통제하는 것이 어렵더라도 일관성 있는 태도로 되고 안 되는 것의 한계를 명확히 지어 주는 일을 계속하도록 한다.

이때 잔소리가 너무 심하면 아이가 긴장하거나 반항심이 생길 수 있으므로 주의해야 한다. 만약 아이가 제멋대로 할 때는 자신이 한 일에 책임을 지도록 한다. "네가 어질러 놓은 이 장난감을 다 치우도록 하자"는 등의 약속을 만들어 그것을 지키도록 한다.

또한 또래 친구와 어려움이 있을 때는 친구와 잘 지낼 수 있도록 조정해야 한다. 이때 유아교육기관의 선생님과 의논하면 좋다. 더불어 아이에게 언제나 "빨리 해라, 서둘러라!"라는 독촉은 중단해야 한다. 서두르고 독촉할 때 아이는 중도에서 그만두고 또 다른 일에 관심을 갖게 되기 때문이다.

그리고 부모가 불안정한 정서를 가지고 있는 경우에는 부모 자신이 안정을 찾도록 노력해야 한다. 이웃집 아주머니와 수다 떨지 않고 조용한 음악을 듣는다든지 책을 읽는다든지 하여 차분한 집안의 환경과 분위기를 만들고 부모 자신이 침착하게 행동해야 한다. 엄마는 자녀가 하는 말에 귀 기울여 들어 주고 함께 노래도 부르면 안정감을 느끼게 되어 차분하게 될 것이다.

마지막으로 병적인 문제로 의심이 되는 아이는 즉시 관련 전문가에게 상담을 하는 것이 필요하다. 예전에는 산만한 아이를 병이라고 생각하지 않았다. 그러나 최근의 경향은 지나치게 산만한 증세를 의학적으로는 병으로 생각한다. 산만한 증세로 인해 따돌림을 받고 학습이 부진해져서 부정적인 자아개념이 굳어지게 되면 나중에 저절로 좋아져도 이미 시기를 놓칠 때가 많다. 최근에는 일찍 소아정신과 진단을 받아 약물치료를 통해 증상을 호전시킨다. 부모와 또래 친구와의 관계도 좋아지고 유아 자신도 자신감을 갖게 되므로 시기를 놓치지 말고 전문가와 상담을 하는 것이 바람직하다.

아·이·케·어·키·워·드!

산만한 행동에는 **분명한 이유**가 있다. 아이가 한곳에 집중할 수 있기를 간절히 바란다면 원인이 무엇인지 찾아 도와주어야 한다. 우선 집 안을 간결하게 정리하며 자녀 방에도 필요한 물건만 놓고 너저분한 것들은 치운다. 아이와 함께 계획표를 작성해 글로 적어 놓고 체크리스트를 만들어 스스로 표시하도록 유도하는 것도 좋다.

편식하는 아이

    어린이집을 운영하면서 학부모 상담을 할 때면 자녀들의 편식 습관에 대한 고민을 하소연하는 부모들을 자주 접하게 된다. 또한 원에서는 식사 시간에 유난히 편식을 하는 아이들 때문에 어떻게 해야 할지 난감해 하는 교사들의 고민도 종종 듣게 된다. 편식은 어른들에게도 그렇지만, 특히 아이들에게는 아주 안 좋은 식습관이다. 편식은 영양의 불균형으로 아이의 성장 발달에 문제를 초래하므로 편식의 원인을 파악하고 효과적으로 대처하는 것이 중요하다.

우선 아이들은 새로운 것에 대해 호기심을 보이지만 반면에 낯설음과 두려움이 함께 나타나게 된다. 이러한 낯설고 두려움이 편식의 원인이 되기도 한다. 또한 아이의 신체상의 어떤 문제로 편식을 하기도 하는데, 충치가 있거나 몸이 아프면 편식 습관이 생기게 된다. 그리고 어떤 음식과 관련해 좋지 않은 기억이 있을 때도 편식을 하게 된다.

어릴 때부터 지속되어 온 편식은 아이의 성장 발달에 문제가 될 수 있다. 아이의 편식 습관은 어느 정도 부모의 책임이 크다. 미각은 어릴 때부터 발달하는데 이유식을 먹일 때부터 다양한 맛을 익히지 못한 아이들은 편식을 하기 쉽기 때문이다. 일반적으로 아이가 편식을 시작하는 시기는 젖을 떼고 난 후에 나타나기 시작해서 낯선 음식들을 많이 접하게 되는 3~5세경에 가장 심하게 나타난다. 그렇기 때문에 이때쯤에는 아이가 좋아하는 음식만 주지 말고 다양한 종류의 음식을 고루고루 접하게 해 주는 것이 중요하다.

아이의 편식 습관을 예방하기 위해서 너무 잔소리를 하여 억지로 먹이거나 하는 방법은 오히려 역효과를 불러일으킨다. 아이의 흥미를 유도해서 이유식을 시작할 때부터 다양한 음식의 맛을 경험할 수 있도록 엄마가 신경 쓰고, 먹기 싫다는 아이에게 억지로 먹이지 않도록 한다.

아이의 편식 습관을 고치는 방법을 알아보자.

첫째, 즐거운 분위기의 식사 시간을 만들어 준다.
먹기 싫어하는 아이들에게 음식을 강요하기보다는 즐거운 식사 시간을 만들어 주는 것이 좋다. 아이들은 딱딱하고 엄숙한 분위기에서 먹게 되면 음식에 대한 흥미를 잃게 된다. 그렇기 때문에 식사 시간은 항상 즐겁다는 인식을 심어 주는 것이 중요하다. 그리고 아이와 함께 장을 보고 재료를 손질하면서 식사 준비를 함께하는 것도 좋은 방법이다. 먹는 것에 거부감을 느끼거나 특정 음식을 싫어하는 아이들에겐 재료를 직접 만져 보게 해서 거부감을 줄인 뒤, 자기 손으로 만든 음식을 먹도록 권유하는 것 역시 놀이와 체험을 통해서 아이의 편식을 해결하는 데 큰 도움을 준다.

둘째, 식사 시간을 철저히 지킨다.
특히 일정 시간에 식사를 하는 것이 중요하다. 식사 시간이 일정하지 않고, 아이들에게 간식을 자주 주는 경우 식사를 해야 할 때는 배가 부르고 입맛이 없어져서 음식을 거부하게 될 가능성이 높기 때문이다. 밥을 먹지 않겠다고 투정부리는 아이 앞에서 부모는 아이를 대하는 태도에 선을 정해 놓고 이를 지키도록 한다. 일정 시간을 주고 이때까지 아이가 밥을 먹지 않는다면 밥상을 치운다. 한 끼 정도 안 먹는다고 크게 문제되지 않으니 걱정하지 않아도 된다. 그러다 보면 어느 순간 아이가 식사 시간을 지키게 마련이다.

셋째, 시각적으로 흥미를 유발하는 것이다.

이 방법은 편식이 심한 아이의 관심을 끌 수 있어 좋다. 아이들은 호기심이 많아서 그 호기심을 자극할 만한 재미있고 예쁜 음식을 보게 되면 관심을 갖게 된다. 예를 들어 텔레비전이나 만화 등의 매체를 통해 싫어하는 음식에 흥미를 보이도록 유도하는 것이다. 아이들은 자기가 좋아하는 캐릭터들과 자신을 동일시하는 부분이 있는데 이런 캐릭터들이 편식 습관을 고쳐 나가는 모습을 보이면 실제로 많은 영향을 받는다고 한다.

넷째, 칭찬해 주기다.

아이들은 칭찬을 받게 되면 무엇인가 이루어 냈다는 데 대한 인정을 받았다고 느낀다. 싫어하는 음식을 먹었을 때 칭찬해 주면 그 음식에 대한 거부감이 점차 사라지게 된다. 이와 함께 음식을 흘리고 먹는다고 지적하지 않도록 주의한다. 특히 2~3세 아이들은 숟가락을 사용하면서 소근육 활동연습을 하게 되는데 지저분하게 먹는다고 지적하면 아이들은 먹는 즐거움을 뺏는다고 생각할 수 있다.

다섯째, 엄마의 식습관을 고치는 것이다.

어떻게 보면 가장 중요한 방법이라고 할 수 있다. 아이는 엄마가 하는 말과 행동을 그대로 따라 하는 경향이 있다. 엄마가 음식을 보고 맛이 없다고 하거나, 안 먹는 특정 음식이 있다면 아이도 기억해서 그대로 따라 한다. 따라서 엄마가 음식을 먹을 때 맛있게 먹고 가리지 않는다면 아이가 호기심을 갖고 관심을 보이게 된다.

아·이·케·어·키·워·드!

편식 습관은 아이가 **3~5세 때 가장 심하게** 나타난다. 이유식을 먹일 때부터 다양한 종류의 음식을 골고루 접하게 해 주는 것이 중요하며, 먹기 싫다는 아이에게 강제로 먹이지 않도록 주의하며 식사예절을 가르치도록 한다.

똑같은 놀이만 하는 아이

유아에게 '놀이'란 곧 생활이며, 몸과 마음이 건강하게 자랄 수 있는 중요한 수단 중 하나다. 아이들은 놀이를 통해 즐거움을 느끼고 배우며 성장해 간다. 학자들은 '놀이'가 미래 사회에서 필요로 하는 개성 있고 창의적이며 혁신적인 인재, 독립적 사고와 행동을 지닌 인간으로 발달하게 하며, 영유아기의 놀이경험은 초등학교 이후 학업성취와 사회적 적응에 매우 효과적이라고 지적한다.

어린이집을 운영하면서 자주 마련하는 학부모 상담 시간에 "우리 아이가 똑같은 놀이만 하는데 혹시 잘못된 것이 아닌지요?"라고 걱정과 염려를 하는 부모들을 종종 접하게 된다. 아이가 한 가지 놀잇감이나 놀이에 집중하는 건 식습관에서 편식을 하는 것에 비유된다. 그래서 아이가 똑같은 놀이만을 고집하려는 경우 혹시 놀이 발달에 소위 영양실조라도 걸리는 것은 아닐지 걱정하는 부모들이 있다. 하지만 이런 부모들의 걱정과는 달리 아이들 세계에 있어 어떤 특정 놀이와 놀잇감에 집착하는 것은 그리 심각한 문제는 아니다.

아이들이 한 가지 놀이에 집착하는 것이 나쁘다고 단정 짓는 것은 잘못이다. 아이들, 특히 유아들은 특성상 흥미와 관심이 있는 놀이에만 집착하려는 경향이 있다. 아이들이 주로 집착하는 것들로는 흔히 자동차, 곤충, 그림책, 동물 등을 들 수 있다. 어느 시기에는 어떤 놀이에만 열중하는 것이 보통으로 다만 그 정도의 차이가 있을 뿐이다. 그 시기가 지나면 관심과 흥미의 대상도 발달 단계에 따라 자연스럽게 변화하면서 스스로 다음 단계의 놀이에 관심을 갖게 마련이다.

따라서 지금 아이가 집중하는 놀이와 놀잇감은 바로 지금 현재 아이가 흥미 있어 하고 재미있어 하는 것 그 자체로 받아들여 주는 것이 좋다. 오히려 이렇게 한 가지를 집중적으로 가지고 노는 아이들은 끈기가 있고 집중력이 뛰어나 나중에 성인이 되면 발견이나 창조의 밑거름이 될 수도 있기 때문이다.

일반적으로 유아들은 경험의 세계가 좁고 경험한 바가 적기 때문에, 처음 흥미를 가졌던 한 가지 물건이나 놀이에 집착할 수 있다. 이럴 경우 여러 가지 경험을 갖도록 해 주는 것은 아이로 하여금 새로운 흥미를 갖게 할 수 있다.

만약 자녀가 지나치게 한 가지 놀이만을 오랜 시간 집중하고 있다면, 아이의 관심을 돌리기 위해 함께 외출을 하거나 다른 놀이를 하도록 유도하는 것이 필요하다. 가족과 함께 외식을 하고 고궁이나 도서관 등에 나들이를 하거나, 즐거운 기억을 갖도록 다양한 경험을 하는 것도 좋은 방법이다. 처음 관심의 대상이 되었던 물건과 대치할 수 있는, 강렬한 인상을 줄 수 있는 새로운 장난감을 다양하게 마련해 주는 것도 한 방법이다.

아이를 가진 부모라면, 내 아이가 한쪽으로 치우치지 않고 모든 것에 흥미와 관심을 갖고 균형 잡힌 발달을 했으면 하는 것이 부모들의 공통된 마음이다. 그러나 아이들도 각자 자신만의 성향과 개성이 있다. 그리고 무슨 놀이를 하느냐가 중요한 것이 아니라 놀이를 통해 아이가 경험하고 느끼는 것들을 다른 사람들과 공유하고 소통하는 경험들이 중요하다.

그런데 단지 다양한 놀이를 경험하게 하고 싶다는 부모의 욕심으로 그것을 억지로 바꾸려 한다거나 자녀가 좋아하지 않는 활동을 억지로 하게 한다면 오히려 역효과를 가져올 수 있다. 아이가 좋아하는 활동과 놀이를 하면서 즐거움과 만족감을 느끼고 있다면 그것으로 충분하다. 관심의 폭을 좀 더 넓혀 주고 싶으면, 아이가 좋아하는 운동이나 다른 놀이를 통해 관심을 넓혀 주면 된다.

아·이·케·어·키·워·드!

아이가 한 가지 놀이에만 몰두하는 것은 오히려 끈기와 집중력이 좋다는 증거일 수도 있다. 놀이는 편식과 다르게 여러 가지 놀이를 모두 경험할 필요는 없다. 아이가 **좋아하면 그것으로 충분**하다.

잘 우는 아이

아이들이 우는 것은 표현의 수단이다. 아이들은 울게 마련이다. 배고파도 울고, 힘들어도 울고, 엄마가 보고 싶어도 운다. 울면서 자기가 필요한 것을 표현하고 그 요구에 부모가 반응하면 그 반응에 따라 아이들은 인생을 배우고 두뇌가 발달된다. 생후 첫 6개월 동안 우는 아기에게 즉각적으로 반응을 보여 주면 그다음 6개월 동안은 덜 울게 된다고 한다. 그리고 우는 아이를 많이 안아 준다고 손을 타게 되거나 버릇이 없게 되지는 않는다고 한다.

필자가 운영하는 어린이집에서도 이유 없이 잘 우는 아이들을 자주 보게 된다. 아이들에 따라 그 정도와 방법의 차이가 있긴 하지만 또래랑 부딪히기만 해도 우는 아이가 있고, 조금만 불편해도 우는 아이가 있고, 자신의 감정이나 상태를 울음소리로 구분해서 들려주는 아이들도 있다. 그런데 똑같이 울더라도 교사가 불러서 이유를 물어보면 대답을 하는 아이가 있는 반면, 아무 설명 없이 계속 우는 아이들도 있다.

일반적으로 영아기는 언어 발달이 일어나기 전이므로 울음소리를 듣고 부모(보호자)가 전폭적인 보호를 해 줘야 하는 시기다. 이때 얼마나 신속하고 세심하게 대처해 주느냐에 따라 아이의 정서발달과 애착에 큰 영향을 미친다. 그리고 유아기는 말하기가 가능한 시기이므로 아픔, 공포, 좌절, 슬픔, 분노 등 감정을 울음이나 행동이 아닌 언어로 의사 전달하는 방법을 배우기 시작한다. 그런데 이 시기에도 무조건 울기만 하는 아이들이 있다.

아이가 울면 처음에는 안쓰럽게 생각하지만 계속해서 반복적으로 울다 보면 짜증이 날 때도 있다. 별것 아닌 일에도 쉽게 울고 울음을 그치려고도 하지 않는 아이를 어떻게 대처해야 할지 알아본다.

일단 우는 아이의 울음을 그치게 하려고 조바심을 내면 안 된다. 태어나면서부터 말을 하기 전까지 아이는 울음으로만 온전히 자신의 기분과 감정을 전달한다. 말을 하지 못하는 아이에겐 울음이 자신의 표현수단인 것이다.

아이가 울면 대부분의 부모(어른)들은 일단 달래서 울음을 그치게 하려고 한다. 아이는 자신의 상태를 말로 설명할 수가 없으니 계속해서 울음으로 표현한다. 설령 말을 할 수 있는 아이라도 자신의 상태를 언어로는 제대로 표현할 수 없고 슬픈 마음을 울음으로밖에 표현할 수 없으니 울음으로 자신의 상태를 표현하는 것이다. 이럴 때 너무 조바심을 갖지 말고 울음은 아이의 표현수단이라고 이해하고 받아들이는 과정이 필요하다.

우는 아이를 보는 엄마의 마음은 가슴이 아프기 마련이다. 그렇다고 아이를 타박하면서 "말로 해! 울지 마!"라고 윽박지르면 아이는 더욱더 울게 된다. 이때는 일단 다정하게 아이를 달래 주고 아이가 실컷 울 수 있도록 내버려 둔다. 아이가 진정되고 난 뒤에 왜 우는지 이야기를 나누면서 "속상했구나. 많이 아팠구나" 등 아이의 마음을 다독이고 어루만져 준다면 아이는 금세 울음을 그치고 기분이 좋아질 것이다. 이처럼 부모가 자신의 기분을 알아주고 공감해 주었다는 것만으로도 아이는 울음을 그치게 된다.

일반적으로 유아기(3~5세)에는 관심을 끌기 위해 우는 경우가 가장 흔하다. 적절한 방법으로 관심을 얻지 못한 경험이 많을수록 빈번히 발생한다. 이야기를 했는데 무시를 당했고, 그래서 울었는데 관심을 얻게 되었을 때 우는 행동은 강화되기 마련이다. 이때는 반드시 외롭고, 당황스럽고, 상처를 입어 아파서 우는 것인지, 단지 관심을 끌기 위해 우는 것인지 구별할 수 있어야 한다.

누구나 아는 사실이지만 아이들이 모두 울 수는 있으나 그 원인은 모두 다르다. 그러나 알면서도 이해해 주지 못하는 부모(어른)들이 의외로 많다. 아이가 왜 우는 것인지, 어떻게 하면 좋을지 조금만 고민하고 살펴보면 해결책이 금방 나올 수 있는데 많은 부모(어른)들이 그 인내심을 제대로 키우지 못하는 현실이 안타까울 따름이다.

아·이·케·어·키·워·드!

아이의 감정표현 수단인 울음은 **이해하는 과정**이 필요하다. 말을 할 수 있는 아이라도 자신의 상태를 언어로는 제대로 표현할 수 없으니 울음으로 자신의 상태를 표현한다. 이럴 때 어른들은 아이들의 상황을 살피며 조바심 없이 아이를 이해하려는 태도를 보여야 한다.

동작이 느린 아이

　어린이집에서 유아들과 함께 지내다 보면 항상 또래들보다 동작이 느리거나 무언가 행동할 때 시간이 걸리는 아이를 볼 수 있다. 이런 아이는 대부분 다 같이 모여야 할 장소에 가장 늦게 오며, 자기가 가지고 활동하던 교구나 장난감 정리를 아주 늦게 하여 다음 활동 참여에 지장을 초래하기도 한다.
　유아들 중에는 전체적으로 속도가 늦고 천천히 하거나, 일을 시작하는 데에는 시간이 걸리지만 일단 시작하면 의외로 빠른 아이도 있다. 또 천천히 하지만 자기에게 주어진 일을 확실하게 하는 아이가 있는 반면 늦으면서도 의외로 결과가 좋지 않은 아이도 있다.

일반적으로 매사에 동작이 느린 아이는 밥 먹는 것도 느리고, 걸음걸이도 느리고, 블록 쌓기를 하는데도 많은 시간이 걸린다. 또한 몸이 약하거나 지능발달이 느린 경우에도 동작이 굼뜬 행동을 한다. 그러므로 먼저 신체적으로 이상이 없는지 살펴보아야 한다. 이럴 경우 수면, 운동, 영양 등에 신경을 써서 체력을 증진시키도록 하고, 체력이 커지면 활력이 생길 것이고 동작도 어느 정도 빨라지게 된다.

이런 원인이 없더라도 아이가 본래 느긋한 성격일 경우에는 모든 동작이 느리게 나타난다. 아이의 성격 때문에 동작이 느리다면 아무리 고쳐 주려 해도 별 효과가 없다. 이때 화를 내거나 야단이라도 친다면 그 아이는 도리어 반항적인 태도로 나와서 동작이 더욱 느려질 수 있다.

아이의 행동이 느리다고 자꾸 재촉하거나 핀잔을 주면, 점점 더 초조해져서 할 수 있는 일도 못하게 된다. 이미 행동 패턴이 이룩된 뒤에는 좀처럼 고치기 어려우니까 그대로 받아들이는 것이 최상이다. 온 세상이 갖가지 속도를 경쟁하는 시기이니만큼 부모의 입장에서는 답답하겠지만 속도만이 미덕은 아니다. 오히려 지나친 속도 경쟁이 자칫 많은 사고와 화를 초래할 수도 있기에 자기 페이스대로 여유롭게 살 수 있도록 배려해 주는 것이 아이의 정신위생에 이로울 것이다.

동작이 느리다고 모든 것이 더딘 것은 아니다. 어느 아이나 자신에게 맞는 것과 흥미를 느끼는 것이 다르므로 차이가 있을 수 있다. 아이가 잘할 수 있는 것을 찾아내서 남보다 못하지 않다는 자신감을 심어 주는 것이 중요하다. 아이에게 비록 행동은 느릴지라도 노력으로 극복할 수 있다는 자신감을 심어 주면 아이는 어떤 일이든 차근차근 해나가는 노력형 아이가 되는 것이다.

이와 더불어 부모가 정신적으로 건강해야 아이도 활기차다. 아이와 함께 다양한 신체 활동 놀이를 하거나 취미를 가져 본다. 아이들은 다양한 움직임을 통해 통제하는 법도 배우고 조절력도 키우게 된다. 부모와의 신체 접촉을 통해 상호작용을 하게 되므로 아이는 부모로부터 사랑받는다는 믿음도 갖게 되는 것이고 자신감이 생겨 밝고 활력이 넘치는 아이가 된다.

만약 우울증 등 기질적인 원인으로 행동이 느린 아이들은 일반적으로 자아존중감이 낮으므로 어떤 일을 하려는 동기 수준이 저하되어 있다. 그러므로 때에 따라서는 아이가 동기를 갖도록 이끌어 주는 것이 필요하다. 또, 아이에게 시간 개념에 대해 알려 주고, 모든 일에는 주어진 시간이 있으므로 서둘러야 할 때는 서둘러야 한다는 것을 알려 준다.

아울러 아이의 잘못된 행동보다 잘한 행동에 더 큰 관심을 보여 준다. 아이가 잘못했을 때는 무조건 화를 내지 말고 객관적으로 일어난 상황이나 아이의 행동에서 왜 그런 행동을 고치는 것이 도움이 되는지 차근차근 설명해 준다. 예를 들어 아이가 그린 한 장의 그림에 대해 칭찬하거나 철봉놀이를 잘하는 것에 대해 칭찬해 줌으로써 아이는 훨씬 의욕적으로 변할 수 있다.

가정에서는 부모의 느긋한 마음이 절실하다. 동작이 느린 것도 하나의 개성이라고 생각하여 너무 신경을 쓰지 않는 것이 좋다. 느긋한 마음으로 아이를 대하면서 아이의 행동을 이해해 주는 것이 바람직하다. 이와 함께 가급적이면 속도를 필요로 하는 놀이나 운동적인 놀이, 경쟁하는 놀이 등을 권장해 보는 것도 한 방법이다. 예를 들면 숨바꼭질, 공기, 공놀이 같은 것이 좋다. 이렇듯 아이의 발달 정도에 맞는 일이라면 스스로 할 수 있도록 충분히 기다려 주는 것이 좋고, 만약 너무 느리다면 시간 한도를 정하고 그에 따른 불이익도 감수하게 하는 것도 한 방법이 될 수 있다.

아·이·케·어·키·워·드!

아이의 동작이 느리다고 **모든 것이 더딘 것은 아니므로**, 부모부터 느긋한 마음으로 아이의 개성을 존중해 주어야 한다. 필요에 따라서는 시간을 배분하는 법이나 속도 놀이 등을 통해 아이의 행동을 개선해 주는 것도 필요하다.

손가락을 빠는 아이

　어린이집에서 학부모 상담을 하다 보면 자녀의 손가락 빠는 문제로 고민하는 부모들의 하소연을 종종 듣게 된다. 다른 아이들은 그러지 않는데 왜 우리 아이는 계속 손가락을 빠는 것일까? 혹시 애정결핍의 표현일까? 지레 죄책감을 느끼는 부모들도 있고, 반대로 남들이 애정결핍으로 볼까 봐 더 모질게 손가락을 못 빨게 하는 부모도 있다.

　결론부터 말하면 이런 부모들의 염려와는 달리 손가락 빨기는 별문제가 안 된다. 부모가 보기 싫을 뿐이지 아이에게 어떤 병을 일으키는 원인은 아니라는 것이다. 또한 빨리 끊어 주지 않는다고 해서 어른이 될 때까지 지속되는 경우도 거의 없다. 요즘은 외모를 중요시하다 보니 많은 부모들은 손가락 빨기가 '주걱턱'(돌출입)을 만들지 않을까 염려한다. 하지만 학자나 의사들에 의하면 영구치가 나기 전까지는 손가락을 아무리 빨아도 앞니가 튀어나오지 않는다고 한다. 만 4세 정도까지는 손가락을 빠는 것이 아무 문제가 되지 않는다는 것이다.

손가락을 빠는 행동은 초등학교 취학 후 아이보다 영유아에게 흔히 나타난다. 정상적인 발달을 하는 아이들은 생후 3~4개월이 되면 손가락을 빨기 시작한다고 한다. 이 무렵에는 본인의 손가락뿐 아니라 손에 잡히는 모든 것들을 입으로 가져가는 시기이기도 하다. 이때 부모들은 손가락을 빨지 못하도록 하거나, 손가락 빠는 행동이 습관화가 될까 봐 불안해한다. 일반적으로 6개월 이전의 아이들이 손가락을 빠는 행동을 할 때에는 그냥 놔두는 게 좋다고 한다.

그러나 염두에 두어야 할 것은 손가락을 빠는 행동 그 자체보다는 왜 손가락을 빠는지에 대한 부모의 인식이 필요하다. 아이들이 손가락을 빠는 이유는 스스로를 달래기 위해서인 경우가 가장 많다. 어릴 때는 울면 엄마가 젖꼭지를 물려 달래 주었다. 그러다 젖꼭지를 더 이상 물 수 없는 나이가 되자 자신의 손가락을 빨면서 불안한 마음을 달래는 것이다.

이처럼 손가락을 빠는 행동은 아이에게 마음의 편안함을 주는 자극이므로 쉽게 없어지지는 않는다. 영아가 젖을 빨 때와 마찬가지로 아이를 유쾌하게 하고 마음을 진정시켜 주기 때문에 고치기가 어렵다는 것이다. 그러므로 이러한 행동이 나타난다면 먼저 자녀에게 사랑이나 안전감이 부족하지 않았는가를 살펴봐야 한다. 특히 생후 1년간의 시기에 부모로부터 충분한 사랑과 배려를 경험하지 못하고 냉담이나 무관심, 거절을 체험했던 아이에게 손가락 빠는 행동이 많이 나타난다고 한다.

그리고 아이가 심심하고 무료해서 손가락을 빠는 경우도 있는데, 특히 혼자 노는 시간이 많거나 충분한 장난감이 없거나 또는 장난감을 만지면 안 된다고 제지를 받은 아이들에게 나타난다. 또한 심하게 아프거나 힘든 순간을 지내고 난 후에 나타나는 경우가 있는데, 이는 심리적인 스트레스나 정서적인 불안으로 발생되는 퇴행현상으로 손톱을 물어뜯거나 오줌을 싸는 부적응 행동과 함께 나타나기도 한다.

아이가 손가락을 빠는 행동을 보인다면, 우선 안 된다고 야단을 치거나 제지하지 말고 관심을 다른 곳으로 돌릴 수 있도록 놀이시간을 함께 갖는 것이 좋다. 또한 아이를 불안하게 만든 사건이나 사고가 있었는지 살펴보고 아이를 심리적으로 안정시켜 주도록 따뜻한 관심과 사랑을 주는 것도 도움이 된다.

지속적으로 심하게 손가락을 빠는 아이를 위한 부모의 대처 방법을 알아보자.

우선 자녀가 말을 알아들을 나이라면 엄마의 생각을 정확하게 전달한다. "이제는 아기가 아니니까 손가락도 빨지 않겠지?" 하면서 기대를 부여하면 아이는 부모의 기대에 부응하려는 마음에 손을 빨지 않으려고 노력하게 된다. 그러나 손가락을 빨고 있으면 큰일 나는 것처럼 아이를 위협하거나 빨고 있는 손을 쳐서 입에서 빼게 하는 것은 좋지 않은 방법이다. 부드러운 목소리로 주의를 주는 것보다는 관심을 전혀 보이지 않고 다른 대안을 찾아 주는 것이 더 좋다. 또한 손가락을 빨고 있으면 다른 할 일을 주는 것도 좋은 방법이다. 손을 사용할 수 있는 그림 그리기 도구나 놀잇감을 제공하여 놀이에 열중하게 하거나 분위기를 바꾸기 위해 자녀와 함께 산책을 나가는 것도 좋다.

아·이·케·어·키·워·드!

아이들이 손을 빼는 행위는 자연스러운 본능이다. 그보다는 **왜 빠는지에 대한 부모의 인식**이 필요하다. 아이들은 젖꼭지를 물 수 없는 나이가 되면 자신의 손가락을 빨며 불안한 마음을 달랜다. 그럴 때는 억지로 제지하지 말고 다른 곳으로 관심을 유도하거나 대안을 찾아줘 점점 그런 행동을 사라지게 만드는 것이 좋다.

수줍어하며 부모에게 의존하는 아이

어린이집에서 유아들과 함께 지내다 보면 유난히 수줍음이 많은 아이들을 보게 된다. 또 평소에는 괜찮다가도, 낯선 환경을 접하게 되면 그런 경향을 보이는 아이들이 있다. 대체로 부모가 수줍어하는 성격이면 아이도 그러한 경향이 강하지만, 수줍음이 많다고 해서 결코 잘못된 것은 아니다. 그러나 지나친 수줍음으로 꼭 해야 할 자기표현을 하지 못한다면 사회의 일원으로 살아가는 데 많은 불편을 겪게 된다. 부모들도 수줍음을 많이 타면 사회생활에 어려움을 겪는다는 것을 경험으로 알고 있기에 자녀의 수줍음을 염려하고 변화시키려고 하는 것이다.

수줍음은 다른 여러 기질적인 특성과 마찬가지로 타고난 부분이 크다고 한다. 물론 바꿀 수 있지만, 좀 더 많은 시간과 노력이 필요하다. 부모가 조급하게 아이의 기질을 바꾸려 할 경우 아이는 자신의 특성을 부정적으로 느끼게 되고, 더 나아가 자기의 존재 자체를 부정적으로 보게 되기 쉽다. 이런 경우에 아이는 자신감까지 잃어버리게 된다.

수줍음은 생후 24개월 이전까지 보이는 낯가림의 연장으로 볼 수 있다. 이러한 낯가림은 생후 24개월 전후까지는 자연스러운 현상이지만, 36개월이 넘어서까지 자신의 이름이나 나이를 이야기하지 못하고 낯가림이 심하다면 부모의 적극적인 노력이 필요하다. 일반적으로 수줍음이 많은 아이들은 자신감이 없고, 남을 지나치게 의식하며 부모에게 의존적인 모습을 많이 보인다. 수줍음을 많이 타는 성격 역시 타고난 부분이 크다. 그러나 상황에 즉각 대응하지 못한다고 아이들이 생각이 없거나 자신감이 없는 것은 아니다. 생각하는 시간이 필요하기 때문에 그런 시간을 가졌더니 여러 가지 이야기를 만들어 낼 수 있었던 것처럼 분명 그들 나름의 긍정적인 면이 있다.

수줍음을 많이 타는 아이들은 크게 두 부류로 나눌 수 있다.

하나는 처음 만난 사람이나 낯선 장소에서 자기도 모르게 불안해져서 말을 하지 못하는 경우다. 이런 아이들은 대체로 나서는 것을 싫어하고 여러 사람 앞에 서면 얼굴이 빨개지기도 한다. 다른 하나는 아기 때 낯가림을 심하게 한 아이들이 커서도 이런 성향을 잘 보이고, 부모가 수줍음을 많이 타면 아이들도 수줍음을 많이 타게 된다. 즉, 수줍음은 선천적이고 유전적인 측면이 있다. 그리고 선천적인 원인이 없는데도 여러 사람 앞에서 심하게 야단을 맞는 등 후천적인 요인으로 수줍음이 나타날 수 있다.

부모의 입장에서 자녀가 수줍음이 유난히 많다면 굉장히 답답해 보일 수 있지만, 내 아이가 아닌 한 인간으로 바라보면 다양한 사람들 속에 살고 있는 정상적인 한 사람의 모습일 뿐이다. 아이의 타고난 기질을 인정하고 긍정적으로 바라보면서 조금씩 변화할 수 있도록 돕는 것이 부모가 할 수 있는 최선의 방법이다. 어떤 부모들은 "우리 애는 원래 수줍음이 많아요"라고 아이 앞에서 쉽게 단정을 짓기도 하는데, 아이는 자신이 '원래 이러는 아이'로 규정되어 버리게 되면 용기를 내서 말을 해 보려다가도 말문이 막히게 되고, 자신의 진심을 몰라주는 것 같아 속상함을 느끼게 된다.

수줍음이 많은 아이를 억지로라도 남들 앞에 세운다든가, 여러 명 앞에서 자꾸만 얼른 말해 보라며 대답을 촉구하는 경우를 자주 접하게 된다. 하지만 이런 아이들은 사람들의 시선이 자신에게 집중되는 것을 느낄수록 더 긴장하며 뒤로 숨게 된다. 그러니 질문 후 바로 대답을 기다리기보다는 다른 사람의 이야기를 충분히 들으면서 자신의 생각을 정리할 시간을 주는 것이 중요하다.

아이에게 충분히 시간을 준 후 이야기를 하게 해 본다. 처음에는 개미만 한 목소리로 이야기할 수도 있지만 그렇더라도 주의 깊게 들어 주며 맞장구를 쳐 준다. 부모의 호응이 있으면 아이들의 목소리는 점점 커지게 된다. 그러면 더 과장되게 맞장구를 치며 이야기를 들어 주는 것이다.

아울러 아이와 대화를 많이 나누는 것도 도움이 된다. 예를 들어 아이가 낮에 친구랑 싸웠다면 훈계하지 말고 그 일에 대해 함께 이야기를 나눠 보는 것이다. 왜 싸웠는지, 어떻게 싸웠는지, 그 당시 아이의 기분이 어땠는지 등등 아이의 이야기를 듣고 부모의 생각도 이야기해 준다. 부모와 대화를 잘하는 아이는 다른 사람 앞에서도 이야기를 잘하게 마련이다.

이와 함께 사람들과 자주 만나게 해서 경계심을 없애 주는 것이 좋다. 사람들과 친해지면 수줍음이 줄어들기 마련이다. 이를 위해 먼저 부모가 다른 사람들과 친숙해져서 그 사람들이 아이를 친숙하게 대할 수 있도록 해 준다. 예를 들어 동네 슈퍼에 갔을 때 슈퍼 주인이나 동네 사람들에게 반갑게 인사를 건네는 모습을 보여 준다. 아이가 그 어른들과 얼굴을 익혔다면 아이가 먼저 인사할 수 있도록 지도하는 것이다. 그리고 집에 손님을 초대해 즐겁게 놀거나, 아이와 함께 다른 집에 놀러 가는 것도 많은 도움이 된다.

아·이·케·어·키·워·드!

수줍음은 생후 **24개월까지 보이는 낯가림의 연장**으로 자연스러운 현상이다. 그러나 36개월이 넘어서까지 심하게 낯가림을 한다면 부모의 적극적인 노력이 필요하다. 또래들과 접할 기회를 자주 만들어 주고, 생각할 시간을 충분히 준 후 의견을 말하게 하거나, 아이의 말에 맞장구를 치는 대화 습관 등을 통해 개선될 수 있다.

겁이 많은 아이

어린이집을 운영하다 보면 자녀들이 특정한 무엇에 대해 갖는 느낌 즉, 두려움으로 인해 상담을 원하는 부모들을 종종 접하게 된다.

일반적으로 아이는 생후 6개월 무렵부터 엄마아빠에게 애착을 느끼는 동시에 익숙하지 않은 사람에 대해서는 낯을 가리기 시작하며, 생후 10~18개월이 되면 부모와 떨어질 때 분리불안을 경험한다. 이후 3~5세가 되면 괴물이나 귀신 등 현실이 아닌 상상 속 대상에 대한 두려움을 갖는다. 하지만 아이가 성장함에 따라 두려움에 대한 적응력이 생기면서 이를 차차 극복해 나간다.

유아들에게 두려움의 대상은 기본적으로 두려워하는 사람 이외에도 특별한 사물이나 상황에서 나타난다. 예를 들면 어둠, 동물(개, 고양이), 물(바다, 수영장, 목욕탕) 등이 그것이다. 이러한 두려움은 특히 3~5세 연령 사이에 많이 나타나는데, 이 시기는 상상력이 발달하는 시기로서 현실적으로 존재하는 사물과 환상 속에서만 존재하는 사물들을 구별하는 능력이 발달하지 못하기 때문이다.

사실 아이들(유아)이 겁을 내는 것은 지극히 자연스러운 일이다. 직접적인 위험이나 위협이 없는데도 대상의 존재 또는 상상만으로도 불안감을 느끼기도 한다. 아이들은 이러한 상황을 벗어나기 위해 좀 더 집중하고 조심스럽기 마련이다.

하지만 모든 것은 과할 때 문제가 된다. 겁이 너무 많으면 활동 반경이 좁아질 수밖에 없다. 그렇게 되면 아이는 바깥세상을 경계하게 돼 경험의 기회가 줄고, 그 폭도 좁아지게 마련이다. 또 바깥세상을 과장해 생각하는 등 사고의 왜곡을 가져올 수도 있다.

반면 겁이 너무 없으면 신중히 생각하지 않고 행동으로 옮겨 실수가 잦아지며 다칠 가능성도 높아진다. 그리고 상황파악 능력이 떨어져 사회성이 부족해 보일 수도 있다.

아이들의 겁이 많고 적음은 기질적인 문제가 크다고 한다. 그렇다고 이 기질을 억지로 바꾸려 해선 안 된다. 겁을 없애 준다고 그런 상황에 억지로 노출시킨다거나 겁 없이 행동하는 아이를 가르치려고 야단치다 보면 오히려 문제가 더 심각해질 수도 있다. 따라서 아이의 타고난 기질을 바꾸려 하기보다는 좋은 방향으로 이끌도록 하는 것이 바람직하다.

아이들의 두려움의 원인을 살펴보면, 우선 부모 자신이 두려움이 많아 지나치게 아이를 보살피기 때문이다. 아이에게 어떤 일이나 상황에 대해 위험한지 여부를 구별해 주어야 하는 부모가 겁이 많다면 아이가 두려움을 느끼는 것은 당연하다.

그리고 부모의 과잉보호로 나타나는 두려움을 들 수 있다. 부모가 아이에게 모든 것을 해 주거나 어린아이로 대하여 아이가 활동과 탐색에 대한 욕구에 방해를 받는다면 아이는 현실적인 위험의식을 키워 나갈 수 없다. 아이들은 실제 경험을 통해 다양한 행동의 위험성과 상황의 위험성을 직접 체험해 봐야 한다.

아이가 두려움을 보인다면, 우선 현실적인 위험의식을 심어 주는 것이 필요하다. 아이들은 두려움과 주저함이 없을 때에만 주변 환경에 대한 신뢰와 자신을 가지며, 그로 인해서 균형 있는 아이로 성장하고 발달하게 된다. 또한 부모가 말하는 것을 아이가 완전히 믿을 수 있다는 점은 아이가 두려움을 갖지 않게 하는데 중요한 기초가 되므로 신뢰감을 쌓는 것이 중요하다.

두려움은 점진적으로 다루어 주어야 함을 인식하고, 아이에게 지나치게 두려운 상황을 직면시키거나 강요하는 것은 별로 도움이 되지 않는다. 이러한 방법에도 불구하고 아이의 두려움이 여전하다면 전문가의 도움을 받아 아이의 행동에 나타나는 심리적 장애의 원인이 무엇인지 살펴보는 것도 필요하다.

두려움을 이겨 내게 하는 좋은 방법은 아이가 무서워하지 않을 만큼만 서서히 경험시키면서 적응시켜 나가는 것이다. 아이의 두려움이 어른들의 시각에서는 별것 아닌 듯해 보이더라도 있는 그대로 받아들이고, 아이의 편에 서서 이해하고 공감해 주는 마음이 필요하다. 아이의 눈높이에 맞춰서 부모가 함께 공감해 줄 때 아이들은 홀로 설 수 있는 힘이 자라난다.

누구나 무서워하는 존재가 있고 싫어하는 존재가 있다. 세상에 겁이 없는 사람은 없다. 다만 그것을 어떻게 극복하느냐가 훌륭한 사람을 만드는 것이다. 아이에게 겁이 많은가 적은가가 문제가 아니라 두려워하는 것을 어떻게 하면 극복할 수 있을지를 생각해 주는 부모의 현명한 판단과 결정이 중요하다.

아·이·케·어·키·워·드!

어떤 상황이나 인물, 현상 등에 두려움을 느끼는 아이라면 부모는 그 아이의 **눈높이에 맞춰 공감**해 주어야 한다. 그리고 아이에게 공포심을 없앨 수 있을 만큼 서서히 비슷한 경험을 시키는 것이 좋다.

소심하고 소극적인 아이

어린이집을 운영하면서 학부모 상담을 하다 보면 자녀가 활발하지 못하고 너무 소심하고 소극적인 것 같아 걱정하는 부모를 볼 수 있다.

형제 없이 혼자 자라거나, 또래 없이 혼자 놀거나 자유롭게 뛰어놀 수 없는 환경에 있는 아이들은 성장하면서 소심한 성격으로 자라날 가능성이 높다. 또 부모나 가정환경이 지나치게 엄격해 아이다운 행동이 잘 받아들여지지 않거나 행동을 지나치게 간섭하고 평가하면 소극적인 성격으로 변하기 쉽다. 부모가 아이를 믿지 못해 할 일을 자주 대신해 주거나 행동과 말에 제약을 걸면 주눅이 들게 돼 타고난 성향과 상관없이 소심한 아이로 변할 수 있다.

소극적인 아이들은 주위로부터 '얌전하다'는 말을 자주 듣기 때문에 '우리 애가 좀 소심하다'고 여기면서도 문제라고 인식하는 부모는 별로 없다. 그러나 소극적이고 내성적인 아이들은 일반적으로 자기주장이 약하고, 표현력이 부족하다. 또 자신감이 없고 말수가 적다. 또래 아이들과 잘 어울려 지내지 못하고, 혼자서 하는 놀이에 익숙하다. 자신감이 부족하기 때문에 평소와 다른 낯선 상황에 적응하는 데 오랜 시간이 걸리며, 자신이 할 수 있는 일도 부모에게 의존하는 경향이 짙다. 이처럼 자신의 의사를 표현하는 데 서투르며, 자신감 없는 행동을 보이는 소극적인 아이들은 자라면서 대인관계에 어려움을 겪을 수 있다.

소극적인 아이를 바로잡기 위해서는 아이의 실수나 실패에 대해서 재촉하거나 야단치는 것은 금물이다. 야단을 치게 되면 아이는 더욱 움츠러들게 된다. 꾸지람 대신 무관심한 반응을 보이거나 외면하는 편이 효과적이다. 예를 들어 아이가 심한 장난을 치거나 다쳤을 때, 절대로 큰소리로 꾸짖거나 호들갑을 떨지 않도록 한다. 호들갑을 떨면 아이는 더 놀라 위축감을 느끼게 된다. 그렇게 위축감을 받게 되면 결국 활발히 놀지도 못하고 뛰지도 못하면서 점점 소극적인 아이로 변할 수 있다. 끊임없이 격려해 주고 아이의 의견을 존중하는 태도를 보이고 칭찬을 아끼지 않는 태도가 중요하다.

이와 함께 아이가 주눅이 들지 않도록 자신감을 길러 주는 부모의 배려가 필요하다. 소심한 아이들은 다른 사람 앞에서 자신의 의사를 잘 표현하지 못하고 남하고 어울리기를 어려워한다. 이럴 때 부모는 항상 "네 의견을 한번 말해 봐", "너는 어떻게 생각하니?" 등 아이가 아무 말이라도 편하게 말할 수 있도록 보살피는 것이 중요하다.

그리고 소극적인 아이들은 쉽게 주눅이 들 수 있으므로, 아이에게 말을 할 때 명령하는 권위적인 말투보다 아이를 존중하는 말을 사용하도록 한다. 예를 들면 "일어나!", "씻어!" 등 명령어보다는 "일어나자", "자, 씻고 밥 먹자" 등 아이의 동참을 유도하는 말로 아이가 자신의 의사를 표현할 여지를 마련해 주는 것이 좋다. 아이에게 자신감과 자기 존중심을 갖게 해 주면 보다 적극적이고 긍정적인 사고를 키우는 데 도움이 되기 때문이다.

　이밖에도 놀이를 통해 아이에게 성취감을 느끼게 하는 것도 좋다. 성취감과 자신감을 맛볼 수 있는 조립완구나 활동성이 요구되는 대형차, 두드려서 소리가 나는 악기류, 모래놀이세트, 자전거 등을 가지고 노는 것도 좋다. 또한 어떤 일을 하거나 물건을 살 때 아이에게 선택권을 준다.

　아울러 바깥놀이를 자주 시키는 것도 좋다. 소극적이고 소심한 아이들일수록 바깥에서 놀기보다는 집 안에만 있고 싶어 한다. 부모가 알아서 바깥놀이를 시키고 놀이터에서 낯선 친구들과 부딪칠 수 있는 시간을 만들어 준다. 위험한 놀이라고 생각되어 "안 돼"라고 하기보다 엄마가 먼저 대범해져서 "좀 다칠 수도 있지 뭐, 한번 해 봐" 하고 체험 동기를 제공하는 것도 효과적인 방법이다.

아·이·케·어·키·워·드!

소심한 아이들은 작은 행동이나 말에도 위축될 가능성이 크기 때문에 아이가 실수했을 때 **무조건 야단치는 것은 금물**이다. 그럴 때는 무관심한 척하거나 조근조근 잘못을 바로잡아 주며 격려해 주는 것이 훨씬 효과적이다.

응석이 심한 아이

요즘은 아이들을 적게 낳는 추세라 부모들 대부분이 아이들의 요구를 많이 들어주는 편이다. 그래서인지 유난히 응석이 심한 아이들을 많이 보게 된다. 응석이란 주위 사람의 관심을 자기에게 집중시키려는 마음의 표현이다. 다시 말해 '나를 좀 봐 주고 사랑해 주고 칭찬해 달라'는 마음을 그렇게 표현하는 것이다.

일반적으로 응석이나 떼를 쓰는 행위는 자신이 없고 열등의식을 느끼는 아이에게 나타나기 쉽다. 형만 못한 동생이 엄마에게 응석을 부리거나 어린이집에서 친구를 사귈 줄 모르는 아이가 교사에게 매달리는 것도 이런 이유다. 이처럼 적절한 욕구 조절 방법을 배우지 못한 응석받이 아이는 어린이집이나 학교 등 단체생활에서 문제가 드러나기도 한다. 또래 아이들과 잘 어울리지 못하며 선생님에게만 매달린다. 응석이 계속되면 자신감이 부족해지고 열등의식을 느끼는 사람이 되기 쉽다.

아이가 응석받이가 되는 원인은 여러 가지가 있다. 과잉보호 속에서 자라면서 주변 모든 사람의 관심과 사랑이 당연히 자기 차지라고 여겨 응석을 부리게 된다. 이와는 반대로 가정생활이 너무 엄격하거나 부모에 의해 방치되거나 소외감을 느낄 때 부모 사랑에 대한 욕구불만의 표현으로 어리광을 부린다. 그리고 부모나 할머니 등 가족구성원이 어리광을 부리도록 조장해 주는 경우다. 귀엽고 사랑스러워 마치 인형이나 애완동물 다루듯이 아이를 대하면 응석받이가 되기 쉽다.

자의식이 강해지는 만 2세부터는 자기중심적인 욕구가 강해지는데, 만약 그것이 좌절되면 곧잘 화를 내고 울화를 터뜨린다. 순한 아이나 드센 아이나 일단 '고집'으로 자기 자아를 표현하는 것이 특징이다. 아이가 응석을 부리는 것은 되는 것과 안 되는 것,

할 수 있는 것과 없는 것에 대한 구별이 없기 때문이다. 자신의 화난 감정을 말로 다 표현할 수 없기 때문에 발을 동동 구르고, 데굴데굴 구르는 등 온몸으로 짜증을 표현하는 것이다. 하지만 이 같은 상황을 내버려 두면 나쁜 버릇으로 굳어질 수 있다.

대체로 아이에 대한 애정이 강하고 아이의 기분이나 요구를 지나칠 만큼 잘 받아 주는 엄마는 아이를 응석받이로 만들기 쉽다. 다른 부모 같았으면 당연히 금지했어야 할 일임에도 꾸짖거나 제지하지 않고, 아이의 요구를 지레짐작해 미리 들어주는 태도는 올바른 자녀교육이라고 볼 수 없다.

아이가 응석을 부리거나 떼를 쓰는 버릇을 고치려면 무엇보다도 부모의 일관성 있는 행동이 중요하다. 아이가 아무리 떼를 쓴다고 해도 들어줄 것과 절대 들어줄 수 없는 것에 대해 알려 준다. 안 된다고 단호하게 말하는 것이 반복되면, 아이는 안 된다고 한 것에 대해서는 더 이상 떼를 써도 소용없다는 것을 터득하게 된다. 대신 약속한 것에 대해서는 반드시 이행하도록 한다.

다만 아이의 응석이 지극히 심하지만 않다면 편안한 마음으로 받아 주면 마음껏 응석부린 뒤에 응석은 점차 사라지게 된다. 오히려 받아 주다가 갑자기 화를 내거나 야단을 치는 등 일관성 없는 태도가 아이를 더 혼란스럽게 만들 수 있다. 너그럽게 넘기며 지나치게 관심을 갖지 않는 것도 좋은 방법이다.

그리고 아이의 행동에 대해 감정적으로 야단치는 것은 좋지 않다. 부모가 이성을 잃고 분노하는 모습보다 감정을 통제하는 모습을 보여 아이에게 본보기가 되어야 한다. 아이가 응석을 부리거나 떼를 쓸 때 안 된다는 사실을 스스로 터득하도록 무관심한 태도를 유지하는 것이 바람직하다.

아·이·케·어·키·워·드!

아이가 응석을 부리는 이유는 주위의 관심을 집중시키려는 마음의 표현이다. 그렇기 때문에 너무 심한 응석이 아니라면 어느 정도 자애로운 마음으로 받아 주는 것도 좋다. 그러면 아이의 응석은 자연히 사라진다. 그 대신 심한 응석이나 이유 없는 떼를 쓸 때는 단호하게 혼내거나 무관심한 척하며 일관된 태도를 보여야 한다.

잠자리에서 오줌을 누는 아이

자녀가 잠자리에서 계속 오줌을 싸서 걱정하는 부모들을 종종 볼 수 있다. 소변을 가릴 수 있는 나이, 즉 만 3세가 지났는데도 밤에 자다가 이불에 오줌을 싸는 아이들이 있다. 이 경우 대부분 부모들은 고민에 빠지게 마련이다.

소아과 진료 영역에는 아이의 질병뿐만 아니라, 자라면서 이루어지는 성장과 발달도 포함된다. 의사들에 의하면 소변을 가리는 것은 방광이 충분히 발달된 5세 이후에 가능하다고 한다. 문제는 만 5세 이후가 되어서도 밤중에 소변을 가리지 못하는 야뇨증이다. 밤에 자다가 오줌을 싸는 증상이 1주일에 2회 이상, 적어도 3개월 이상 소변을 지리는 상태가 지속되면 소아 야뇨증이라고 할 수 있다.

소아 야뇨증은 전체 어린이 중 남아에서 15%, 여아에서 10%를 차지하고 있으며, 중학생의 경우 1% 이하에서 관찰되는 비교적 흔한 증상으로, 어른들에게도 약 0.5% 정도가 야뇨증인 것으로 알려져 있다. 이처럼 야뇨증은 소아뿐만 아니라 어른들에게도 나타나는 경우가 많지만, 소아 야뇨증의 문제는 성장 발달 시기에 숙면을 취하지 못한다는 것으로 이해되기 때문에 결코 소홀히 두고 보는 것이 좋지 않다고 한다.

야뇨증은 아이만의 병이 아니라 유전적인 요소로 생길 수 있으며, 한의학에서는 몸이 차고 허약해 방광기능이 약한 경우 야뇨증이 생긴다고 한다. 그렇기에 어떤 질환보다도 부모가 함께 노력해야 좋아질 수 있다. 야뇨는 자칫 잘못하면 어린이집이나 초등학교에서 또래들에게 놀림거리가 되어 아이에게 큰 상처를 줄 수도 있다. '괜찮겠지'라고 생각하고 방치하면 오히려 병을 더 키울 수도 있다.

야뇨증은 아픈 것도 아니고 좀 불편한 정도이기 때문에 부모도 그렇고 아이도 그렇고 크게 나아져야 한다는 생각을 못할 수 있다. 그렇게 오랜 시간이 지나면서 저절로 좋아지면 다행이지만 그 상태가 오래 유지될 수 있기 때문에 만 5세가 넘었다면 빨리 치료를 하는 것이 좋다.

아이가 잠자리에 소변을 누면 대부분 부모들은 야단을 치고 다그치기도 하는데 이 같은 방법은 좋지 않다. 야뇨증 아이는 대부분 자신이 오줌을 싸는지 잘 느끼지 못하기 때문이다. 따라서 야단을 치는 것은 크게 도움이 안 되며 오히려 아이의 정서 발달이나 성격 형성에 나쁜 영향을 줄 수 있다. 야뇨증이라고 판단되면 아이가 자신이 느끼는 기분을 솔직하게 말하도록 도와주고, 스스로 야뇨증을 고치게끔 동기유발을 해 주는 것이 좋다.

아이가 잠자리에 오줌을 싸면 처음에는 깨우지 말고 그대로 놔둔다. 아이가 자고 일어났을 때 오줌을 지린 이부자리를 보여 주며 불결함과 불쾌감을 동시에 느끼게 해 준다. 이렇게 축축한 잠자리의 불쾌감을 맛보게 하면 대뇌에서 소변을 참아야 한다는 것을 인식하게 된다. 이와 함께 소변으로 젖은 침구나 속옷 등은 책임을 강화하는 의미에서 아이 스스로 정리하게끔 하는 것이 좋다. 다만 아이에게 책임감을 부여하는 것은 좋지만 수치심이 느껴지게 지나친 야단을 치는 것은 오히려 역효과가 날 수 있으니 주의해야 한다.

가장 중요한 것은 아이가 자신감을 잃지 않도록 옆에서 격려와 칭찬을 해 주는 것이다. 우선 혼자만 야뇨증이 있는 것이 아니라는 사실을 설명해 주고, 아이가 자신이 느끼는 기분을 솔직하게 말할 수 있도록 도와주는 것이 바람직하다. 또 달력에 스티커를 붙이는 등의 방법으로 오줌을 싸지 않는 날은 칭찬해 주어 아이에게 야뇨증을 고쳐야겠다는 동기유발을 하는 것도 좋은 방법이다.

아·이·케·어·키·워·드!

소아 야뇨증의 경우, 아이에게 심한 수치심을 주며 혼내는 것은 정서발달에 해가 되기 때문에 옳지 않다. 수치심을 주는 것보다 **동기유발**이 중요하다. 오줌을 싸지 않은 날은 칭찬해 주거나 아이가 좋아하는 스티커를 붙일 수 있는 등의 방법을 통해 긍정적 반응을 이끌어 내야 한다.

부록
아이를 칭찬하는 효과적인 방법

" '부모'가 아닌 '아이' 중심의 칭찬을 해야 한다!"

"칭찬은 고래도 춤추게 한다"라는 말이 있듯이 칭찬은 누구에게나 듣기 좋은 말이며 항상 듣고 싶은 말이다. 이처럼 칭찬을 통해 인정받기를 원하는 것은 모든 사람의 욕구이기도 하다. 특히 아이들을 교육시키고 인성을 키우기 위해서 칭찬은 무척 중요한 방법이다. 그렇지만 무조건적인 칭찬은 오히려 아이들에게 도움이 되지 않는다. 아이들이 효과적으로 느낄 수 있는 칭찬하는 방법을 알아보자.

일반적으로 아이들에게 옳고 그름을 염두에 둔 칭찬은 바람직하지 않다. 이렇게 되면 자신의 행동에 대한 판단기준을 눈치로

살피기 때문에 단순하게 '잘했다'라기보다는 왜 칭찬을 받는지에 대한 이유를 제대로 설명해 준 뒤 칭찬해 주는 것이 좋다. 이러한 칭찬은 반드시 뭔가 크고 근사한 일을 했을 때가 아니라 사소한 일에서부터 칭찬해 주어야 아이가 긍정적인 사람으로 성장할 수 있다.

칭찬은 아이가 한 결과만 보고 하는 것이 아니라 결과가 나오기 위해 노력한 과정을 칭찬하는 것이 좋다. 노력했지만 결과가 나쁠 수도 있고, 노력을 안 했는데 결과가 좋을 수도 있기 때문이다. 노력하는 모습을 보였을 때 그 과정을 칭찬해 주면 아이는 진정으로 받아들이고, 더 잘하려는 욕구를 부추기는 동기가 되기 때문이다.

아이에게 칭찬할 때는 두루뭉술하게 하는 것보다 구체적으로 하는 것이 좋다. 아이들은 구체적이지 않으면 자신이 무엇을 잘하고 있는지, 왜 칭찬을 받는 것인지 잘 납득하지 못하기 때문이다. 그렇기 때문에 "싫어하는 반찬도 잘 먹었네", "동생이 넘어지지 않도록 손으로 잡아 주었구나" 등 이렇게 구체적으로 짚어서 칭찬해 주는 것이 바람직하다.

부모들이 자녀에게 칭찬할 때 주의할 점이 있다. 예를 들어 아이가 심부름을 잘했을 때, "엄마를 도와주어서 착하구나"라고 엄마 기준으로 말하지 않는 것이다. 이것은 아이에게 엄마의 기분이 좋아지는 행동을 하라는 무언의 압력과 같기 때문이다. 그보다는 "심부름을 의젓하게 잘하고 나니 기분이 좋겠구나"라고 아이 기준으로 이야기해 주는 것이 좋다. 즉 '엄마'가 아닌 '아이' 중심의 칭찬을 해 주어야 한다.

그리고 칭찬할 때 극단적인 표현은 가급적 하지 않는 것이 좋다. "넌 정말 착하구나", "넌 결코 거짓말을 하지 않을 거야" 같은 표현은 아이가 듣기에 부담스러워 할 수 있다. 또 아이가 잘못했을 때 어떤 극단적인 비난이 날아올지 두렵게 만들기도 한다. 아울러 '비교'하는 식의 칭찬은 경쟁심을 부추길 수 있기 때문에 주의해야 한다. 남과 비교하는 칭찬은 '나는 잘났다' 즉 누구를 이겼다는데 대한 만족감을 주기 때문에 교육적으로 좋지 않다.

얼마 전 한 인터넷 포털사이트에 '우리 아이 나쁜 버릇 바로잡기'란 제목의 게시물이 게재돼 눈길을 끌었다. 해당 게시물에 따르면 칭찬 방법에 따라 아이들의 행동과 마음가짐을 바꿀 수 있다고 한다.

흔히 엄마들이 칭찬하는 방법인 '반복하기'는 칭찬의 효과를 잃게 만들 수 있다. 반복된 칭찬은 아이들의 감정을 무뎌지게 만들기 때문이다. 이에 조금씩 색다르고 다양한 방법으로 칭찬을 하는 것이 좋다는 것이다. 예를 들어 칭찬의 말과 함께 빨간 하트를 그린 종이를 아이 베개 밑에 두거나, 가방에 넣어 주면 특별한 의미가 부여될 수 있다. 시중에서 판매되는 다양한 칭찬 스티커나 칭찬 도장을 활용하는 것도 좋은 방법이다.

또한 아이가 칭찬받을 행동을 할 때 녹음기로 이를 녹음해 '칭찬 테이프'를 만들면 아이가 부모의 칭찬을 듣고 싶어서 착한 행동을 하려고 노력하게 될 것이다. 어느 정도 공감 능력이 형성된 4세 이상 아이의 경우, 칭찬표를 벽에 붙이면 아이 스스로 자신의 행동을 돌아보게 될 것이며, 아이가 직접 자신의 잘못된 행동을 바로잡는 데 도움이 된다.

3장
자기애가 강한
아이케어

자기애가 넘치는 아이
질투가 심한 아이
멋 내기에 관심이 많은 아이
지기 싫어하는 아이
친구를 깔보는 아이
고집이 센 아이
성기를 만지는 아이
잘난 척하는 아이
호기심이 많은 아이
공감력이 떨어지는 아이
자기 규칙만 강요하는 아이

자기애가 넘치는 아이

'자기애'란 자신의 외모, 능력과 같은 어떠한 이유를 들어 지나치게 자기 자신이 뛰어나다고 믿거나 아니면 사랑하는 자기중심성 성격 또는 행동을 말한다. 그리스 신화 중에서 물에 비친 자신의 모습에 반해서 물에 빠져 죽은 나르키소스(Narcissus)의 이름을 딴 것으로 '나르시시즘(narcissism)'을 일컫는 말이다.

정신분석학에서는 리비도(libido)의 힘이 자신의 내부로 향하는 것, 즉 자기 자신을 사랑의 대상으로 하는 것을 일컫는다. 정신분석학자인 프로이트(S. Freud)는 정상적인 발달단계에서도 자기 스스로를 사랑의 대상으로 하는 때가 얼마 동안은 있다는 가설을 세웠다. 어느 정도의 자기애는 일생을 통해서 지속된다. 다만, 자기애 성격이 강한 사람은 자기 가치감을 조절할 능력을 상실하기 쉬우며, 대인관계에 지나치게 예민하고 다른 사람을 무시하는 경향을 보인다.

자기애는 대부분 청소년들이 주체성을 형성하는 동안 거쳐 가는 하나의 과정이기도 하며, 정신분석학에서는 보통 인격적인 장애증상으로 보고 있다. 자기의 신체에 대하여 성적(性的)인 흥분을 느끼거나, 자신을 완벽한 사람으로 여기면서 환상 속에서 만족을 얻는다는 것이다.

정신분석에 따르면 유아기에는 본능이나 관심이 주로 자기 자신에게 쏠려 있다고 한다. 경우에 따라서는 청소년기까지 잡기도 한다. 프로이트는 이 상태를 '1차적 나르시시즘'이라고 한다. 나중에 자라면서 이런 본능이나 관심, 애정 등은 자기 자신에서 어머니나 누이로, 또 이성으로 점차 확대된다는 것이다.

그러나 자신이 애정을 쏟았던 타인과의 관계에서 애정을 베풀기 어렵게 되거나 심각한 배신, 비난, 결별 등의 환경에 여러 번 노출을 겪게 되면서 상대를 사랑할 수 없게 될 때, 이들은 유아기나 청소년기 때 그랬던 것처럼 자기 자신을 사랑하는 형태로 되돌아가게 된다.

자기애가 강한 사람은 자기 자신이 남보다 잘나거나 잘하는 점이 있으면 극도로 자신에 대한 과시와 자긍심에 넘쳐난다. 그러나 남보다 열등하거나 뒤처진 점이 있으면 지나치게 풀이 죽거나 자기비하를 한다. 따라서 협동이나 팀워크에 잘 적응하지 못하는 모습을 보인다. 아울러 타인의 처지나 입장을 고려하지 않고 자기중심적으로 세상을 관찰하고 타인을 재단하려는 모습을 보인다.

학자나 전문가들은 자기애가 강해지는 원인으로 두 가지 이론을 들고 있다.

하나는 무조건적인 사랑과 이해 속에서 자연적으로 자기중심적으로 성격이 굳어진 경우다. 부모가 어린 시절부터 특별한 존재로 지나치게 떠받들어 주기 때문에 응석을 부리고 말썽을 피우며 무리한 요구를 해도 부모에게는 무조건적으로 수용되어 살아

왔던 경우다. 따라서 이렇게 자란 아이들은 당연히 "주변 사람들은 나의 뜻에 따라 주어야 한다" 또는 "다른 사람들은 당연히 나에게 칭찬을 해 주어야 한다" 등의 비합리적 신념을 키우고 견고히 하게 된다는 것이다.

다른 하나는 어린 시절 부모나 주변 사람들에게 인정받지 못하고 따돌림을 당하고 무시당한 경우다. 이런 환경 속에서 자라면서 '나는 뭔가 부족한 사람이야' 또는 '나는 별 볼 일 없는 존재야'라는 느낌을 지속적으로 받아 발생하는 경우다. 곧 부모가 아이를 이유 없이 학대하거나 형제지간 또는 다른 아이들과 비교하면서 구박하고 천대한다면 아이는 씻을 수 없는 정신적인 고통과 충격을 느끼게 된다. 그리고 '나는 부족하고 못난 존재'라는 열등감을 형성시키고 자존감을 저하시킨다.

이러한 좌절 경험은 계속적으로 부당한 취급을 당하며 생겨날 수도 있지만 갑작스러운 충격을 통해서도 생겨나게 된다. 곧 어느 순간까지는 아이가 자신이 대단히 소중한 존재인 줄 알았다가 어느 날 갑자기 그러한 생각이 뿌리째 뽑혀 나가는 체험을 할 수도 있다는 것이다. 충격적인 경험을 통해 아이는 '나는 늘 안정적으로 사랑받고 살 수 있다'는 믿음이 깨지면서 '나는 학대받을 수도 있고 버려질 수도 있는 너무나 나약한 존재'라는 두려움에 휩싸이게 되는 것이다.

아·이·케·어·키·워·드!

자기애가 강한 아이들은 다른 사람들과 관계를 맺고 사회생활을 하는 데 어려움을 겪을 확률이 높다. 어느 정도의 자기애는 긍정적인 효과를 위해 필요하지만 자기중심적인 성격이 강하다면 부모가 나서서 **타인을 배려하고 존중하는 모습**을 보여 주어야 한다.

질투가 심한 아이

질투란 남을 부러워하는 감정, 또 그것이 고양된 격렬한 증오나 적의라고 할 수 있다. 질투는 사람들의 기본 감정이기 때문에 이를 무조건 나쁘다고 할 수는 없다. 말 그대로 남을 시기하는 감정으로 인간이 지닌 보편적인 특성 중 하나다. 이렇듯 질투는 인간이라면 누구나 지닌 보편적인 감정이므로 크게 문제 될 것은 없다. 하지만 질투심이 지나쳐 스트레스를 받거나 자신만 내세우는 이기적인 태도가 두드러지게 나타나면 아이의 상태를 세심히 살펴봐야 한다.

일반적으로 질투심은 소유욕이 생기는 생후 36개월 이후부터 나타나는데, 질투의 대상은 부모나 형제, 친구들인 경우가 대부분이다. 특히 부모에 대한 소유욕이 강하기 때문에 다른 아이를 안기만 해도 울거나 화를 내기도 하고 다른 아이가 칭찬을 받으면 분해서 우는 등의 행동을 보이기도 한다.

아이가 질투심을 갖는 원인은 여러 가지가 있겠지만 크게 두 가지로 볼 수 있다. 첫째로 엄마아빠에게 받은 애정이 부족해서 남을 미워하는 감정을 갖는 경우다. 자신이 사랑받지 못한 것에 대한 욕구불만으로 질투심을 느끼는 것이다. 또 하나는 자기가 하고 싶은 것은 다 해야만 하는 욕심 많은 아이로 욕구가 채워지지 않으면 화를 내거나 짜증을 내곤 한다.

아이가 유난히 질투가 심하다면 일단 왜 그러는지 원인을 찾는 게 우선이다. 아이의 행동에 '그냥'이나 '아이 자체의 심성'이기 때문 같은 이유는 없다. 질투를 불러올 만한 상황이 있었고, 아이는 아이답게 감정을 표출할 뿐이다. 이렇게 아이가 투정을 부릴 때 오히려 그 감정을 억누르려 하면 아이의 정서상 좋지 않다.

아이가 질투할 때의 행동을 주의 깊게 살피면서 질투의 대상이 누구인지 파악한 뒤 적절하게 대처하는 것이 중요하다. 간혹 일부 부모들은 아이에게 동기부여를 하려는 생각에 의도적으로 형제끼리 비교하는 경우가 있다. 그러나 이러한 방법은 아무리 의도가 좋다고 해도 비교당하는 아이에게 마음의 상처를 주고, 질투와 미움의 감정을 만드는 위험한 행동이므로 피하는 것이 좋다. 그리고 다른 집 아이를 칭찬하면서 비교하는 것도 절대 금물이다. "옆집 아이는 부모 말도 잘 듣고 성격도 아주 착하다는데 그 애 엄마는 얼마나 좋을까?" 식의 말은 반성이 아니라 질투심을 불러일으킬 수 있으므로 주의해야 한다.

일반적으로 첫 아이인 경우 동생이 태어난 뒤 질투가 심해질 수가 있다. 엄마아빠의 관심을 받기 위해 동생을 괴롭히는 아이라면 큰 관심과 애정을 표현하고 자주 칭찬해 주는 것이 좋다. 부모와 애착 관계가 아직 탄탄하게 형성되지 않은 상태에서 일생의 경쟁자인 동생과 같은 공간에서 생활해야 하기 때문이다. 이럴 경우에는 동생은 아직 아기이기 때문에 도움이 필요하다는 사실을 이해하기 쉽도록 설명해 줄 필요가 있다. 그리고 기저귀를 갈거나 분유를 먹일 때 동참시켜 혼자서는 할 수 없는 존재라는 것을 알려 준다.

또한 아빠에게 질투를 느끼는 경우도 있다. 이는 엄마를 독차지하려는 마음으로 3~6세 아이에게 흔한 현상이며 엄마와의 애착을 견고하게 하려는 심리적인 의도라고 할 수 있다. 아빠와 친해지라고 단둘이 놀게 하기보다는 엄마와 아이가 노는 도중에 아빠가 동참하는 식으로 자연스럽게 친해질 기회를 만드는 것이 좋다. 그리고 엄마에게 야단을 맞았을 때 아빠가 달래 주는 것도 좋은 방법이다.

질투가 심한 아이에게 부모가 할 수 있는 적절한 방법은 다음과 같다.

첫째, 아이와 함께하는 시간을 늘린다. 일반적으로 아이들은 부모가 자신을 얼마나 사랑하는지를 측정하는 데 있어 자신과 얼마만큼 시간을 보내는가로 따지는 경향이 있다. 그래서 어렵지만, 시간을 쪼개어 아이와의 시간을 자주 가지는 것이 좋다. 이를 통해 부모에게 충분히 사랑받는다고 느끼게 되면 아이는 자신이 중요한 사람이라는 생각에 더는 질투를 하지 않게 될 것이다.

둘째, 질투를 한다고 해서 바로 화를 내거나 벌을 주지 않는다. 아이들이 심하게 질투할 때 그 상황에서 바로 화내거나 벌을 주는 건 좋지 않다. 벌을 주기보다는 관심을 차지하지 못하는 상황을 받아들이고 극복해 낼 방법을 가르쳐 주는 것이 훨씬 효과적이다. 시간과 순서를 정해 당장 놀아 주지 못하지만, 잠시 후에는 함께 놀 수 있다는 점을 정확하게 말해 준다.

셋째, 아이의 마음을 이해한다. 아이의 질투하는 마음을 충분히 이해하고 공감해 주도록 한다. 질투하는 아이의 마음을 충분히 이해하지만, 그럴 수 없는 상황을 이해시켜 주며 안타까워하고 있음을 알려 주는 것이다. "엄마가 동생만 안아 줘서 속상하지? 하지만 너는 동생보다 키도 훨씬 크고, 더 씩씩하잖니. 얌전히 있으면 엄마가 동생 재우고 놀아 줄게"라고 이야기해 주면 아이들도 이를 쉽게 받아들일 것이다.

아·이·케·어·키·워·드!

아이들의 행동에 이유가 없는 경우는 없다. 심한 질투심을 아이가 느낀다면 그 **원인을 찾는 것**이 우선이다. 평소 아이와 자주 함께 놀아 주고 충분한 사랑을 주는 것이 좋다. 그리고 체벌을 하기보다는 질투심이 느껴지는 상황에 대해 충분히 서로 대화하고 아이의 마음에 공감을 표해 주는 자세가 필요하다.

멋내기에 관심이 많은 아이

　어린이집을 운영하면서 아이들과 함께 지내다 보면 남들보다 앞서야 한다는 욕심이 강한 아이들을 볼 수 있다. 공부는 물론이고 게임을 하거나 특정 물건을 구입할 때도 마찬가지다. 다른 아이들에게 져서는 안 되며 자신은 항상 튀어야 한다고 생각하고, 그렇지 못할 때는 안절부절못하고 자신의 상황에 만족하지 못하는 경우를 볼 수 있다.

　멋을 내는 것도 마찬가지다. 유난히 거울 보기를 좋아하고, 유행 패션에 민감하고, 다른 아이들보다 외모 면에서 앞서려고 노력하는 아이들을 볼 수 있다. 이런 아이들은 평범한 옷은 거부하고 남들이 안 입는 색다른 디자인이나 색상을 좋아한다. 그래서 남들로부터 "넌 언제나 가장 멋져!"라는 소리를 듣고 싶어 하며, 설사 그런 소리를 해 주지 않는다고 해도 남들이 자신을 그렇게 생각한다고 착각한다.

사람의 마음속에는 여자나 남자 모두 여성성(性)과 남성성이 공존한다. 여자라고 해서 여성성만 있는 것이 아니고 남성성이 함께 자리 잡고 있으며, 남자 또한 남성성과 함께 여성성이 자리 잡고 있다. 남성성과 여성성은 선천적이나 후천적으로 영향을 받아 둘 중 하나가 더 크게 겉으로 드러나게 된다.

남자 형제들 속에서 자란 여자아이가 남성 취향의 모습을 보이고, 여자 형제들 속에서 자란 남자아이가 여성 취향의 모습을 많이 보이는 이유는 후천적인 영향으로 각각 남성성과 여성성이 자극을 받았기 때문이다. 남성성의 특징은 진취성, 성취욕구, 강인함 등이고, 여성성의 특징은 자신을 가꾸기 좋아하고, 차분하고 꼼꼼하다는 것 등이다. 남자아이나 여자아이들 중 유난히 멋 내기를 좋아하는 아이들은 자신의 마음에 자리 잡은 여성성이 부각

되는 것이라고 볼 수 있다.

멋 내기에 관심이 많은 아이는 멋을 내기 때문에 더러워지는 것을 싫어해서 거친 운동이나 흙놀이를 잘 하지 않으려고 한다. 멋 내는 데 에너지를 사용하기 때문에 다른 생활면의 문제에 관심을 갖지 않는 것이다. 그리고 멋 내기에 지나친 관심을 갖게 됨으로써 또래 친구들의 주목을 받고 우쭐해지거나, 반대로 심한 수치감을 느끼기도 한다. 유아로서는 지나친 자의식을 갖게 되는 것이다.

멋 내는 것을 중요시하고 자신을 늘 가꾸려고 하는 아이들의 이면에는 좌절감과 열등감이 도사리고 있을 수 있다. 부모의 권위적인 태도로 자신의 의지가 꺾이는 경험을 했던 아이나, 매우 똘똘한 형제가 있어서 그보다 못하다는 생각으로 열등감에 갇혀서 지내는 아이, 부모의 잦은 싸움이나 이혼 등으로 자신이 사랑을 받지 못한다는 좌절감 등이 내재해 있는 아이들의 경우 멋 부리기에 치중하는 경우가 있다. 그 이유는 자신의 좌절감이나 열등감을 멋 내기로 그럴듯하게 포장하면서 스스로 위안하려는 심리 때문이다.

아이들은 부모의 거울이다. 특히 아이와 생활하는 시간이 절대적으로 많은 엄마의 생활태도를 아이들은 그대로 보고 배운다. 엄마가 거울 앞에서 자신을 치장하는 시간이 많고, 옷을 입어 보는 것을 좋아하며, 옷이나 기타 패션용품을 쇼핑하는 것을 즐기는 것을 보고 자란 아이는 그런 습성이 자연스럽게 몸에 밴다. 이런 환경에서 자란 아이는 예쁜 옷, 예쁜 사람 등에 대해 유난히 민감하게 반응하고, 자신도 그렇게 해 보려고 노력하는 성향이 강하다. 엄마가 가꾸기를 좋아하는 가정치고 아이가 대충 옷을 입고 다니는 경우는 거의 없는데, 꼭 엄마가 해 줘서라기보다 아이 스스로 자신을 그렇게 꾸미는 것을 자연스럽게 생각하기 때문이다.

그리고 멋을 부리고 다니기 때문에 우월감을 갖고 여왕처럼 굴거나 다른 아이들을 내려다보려는 기분이나 태도를 가지고 있다. 이로 인해 주변의 아이들도 멋 내는 아이의 존재 때문에 부러운 심정이 들거나 자신이 초라하다고 생각할 수도 있다. 유아기에는 대인 관계에서 상대의 마음을 꿰뚫어 보는 능력이 부족하고 표면적인 것에 의해 움직이기 쉽기 때문에 이런 문제는 자주 일어나기 마련이다. 그러므로 운동할 때 입기 좋은 옷, 더럽혀도 좋은 옷, 집단 속에서 별로 눈에 띄지 않는 옷, 기분 좋게 외출할 때의 옷 등 개성과 장소, 그리고 용도에 따라 적당한 옷을 선택하게 하는 지혜를 길러 주는 훈련이 필요하다. 이를 통해 아이에게는 선택능력, 판단능력 등이 자라게 된다.

아·이·케·어·키·워·드!

유난히 치장하고 화려하게 꾸미는 것을 좋아하는 아이들이 있다. 그 아이들의 무의식을 들여다보면 **좌절감과 열등감이 포장**되어 겉모습으로 나타나는 걸 알 수 있다. 아이가 멋 내는 데만 치중되어 있다면 우선 적당한 상황에 따라 옷 입는 매너를 가르쳐 주고 아이와 속 깊은 대화를 나눠 외면만큼 내면도 중요하다는 걸 깨우쳐 주는 것이 필요하다.

지기 싫어하는 아이

필자가 운영하는 어린이집에서 유아들과 함께 지내다 보면 유난히 지기를 싫어하는 아이들을 볼 수 있다. 또래들과 함께 게임을 하다가도 자기가 지면 판을 엎어 버리거나 규칙을 무시하고 막무가내로 울음보를 터트리는 아이들도 있다.

유아기에는 남들에게 지기 싫어하고 일등만 하고 싶어 하는 것이 당연한 발달과정이다. 이 시기는 아직 자기중심적인 성향이 강하기도 하고 도덕성이나 이성이 발달되지 않은 상태이기 때문에 이기고 싶어 하는 것이다. 그래서 심하면 지기 싫어서 반칙도 하고 규칙을 어기지 않았다고 거짓말을 하기도 한다. 또 기질적으로 욕심이 많아서 유난히 지기 싫어하는 아이들도 있다.

일반적으로 지기 싫어하는 아이일수록 또래들과의 놀이에서 왕따가 되거나 함께 어울리지 못하여 사회생활에 어려움을 겪는 경우가 많이 나타난다. 이런 아이들은 대체로 승부욕이 강하다. 친구들과 놀 때 항상 일등이나 대장이 안 되면 기분 나빠하고, 또한 우열이 가려지는 상황에서는 어떻게든 이기려고 하며, 지는 경우에는 분에 못 이겨 울거나 공격적인 태도를 취하기도 한다. 그리고 모두들 열심히 잘하는 활동에서 자기만 처지고 있다는 소외감이 들면 제일 잘하는 아이의 작품을 빼앗거나 망가뜨리는 돌발행동을 취하기도 하며, 또래들과의 게임에서 자기가 질 것 같으면 끝까지 하지 않고 다른 곳으로 가기도 한다.

이렇게 지기 싫어하는 성격은 대체로 모든 것을 아이 위주로 하는 가정에서 자란 아이에게서 많이 나타난다. 부모가 언제나 허용적인 자세로 아이 마음대로 하게 하고 대장같이 최고로 떠받들며 애지중지하는 경우에 생기는 것이다. "너는 머리가 좋구나", "힘이 세다" 등 항상 칭찬만 해 주고 게임을 할 때도 부모가 일부러 져 주고 부모가 아이를 상전처럼 취급해 주었기 때문이다. 독자, 막내, 외동아들인 경우에 많이 나타난다. 또는 부모의 태도가 엄격하고 허용적이지 않을 경우에도 아이들은 인정받기 위해 이기는 것에 민감하게 반응한다.

이런 아이는 활동적이고 의욕이 많아서 그것을 좋은 방향으로 발전시키면 장래에 큰 사람이 될 수 있다. 그러나 지나치게 승부욕이 강하면 다른 사람들에게 미움을 받고 본인의 마음이 자주 상하기 때문에 다른 친구들을 부드럽게 대하도록 주지시키고 가정을 온화한 분위기로 만들어야 한다. 이런 아이는 집에서 아빠와 씨름을 해서 아빠가 이기도록 하여 질 수도 있음을 경험하게 해 주는 것이 좋다.

이와 함께 부모는 자녀에게 불필요한 경쟁심을 갖지 않도록 해야 하고 형제나 친구들과 비교하는 것은 삼가야 한다. 비교하는 것은 아이에게 자극을 주어 부모가 의도한 대로 손쉽게 끌어올 수 있는 방법이지만 대부분 비교되는 상대와 원만한 인간관계를 형성하지 못하게 되기 때문이다. 심하면 적대감까지 갖게 되므로 부모는 설득과 설명의 방법에 신중을 기해야 한다.

그리고 아이에게 말할 때에도 남을 무시하는 말이나 지나치게 자기 아이만 옹호하고 칭찬하는 것을 피하고 남의 감정을 들어서 칭찬해 주고 "저 애도 잘해서 좋다"는 식으로 말하는 것이 좋다. 되도록이면 '~와', '함께', '더불어' 등 단어를 많이 사용하고 다른 아이들과 친하게 지내는 것을 칭찬하면 그 효과가 더 크게 나타난다.

만약 또래들과 함께 놀 경우 아이가 규칙을 받아들이지 못한다면 아직 그 놀이를 할 연령이 안 되었음을 의미한다. 4살이라고 해서 모두가 술래잡기를 할 수 있거나 숨바꼭질을 할 수 있는 것은 아니다. 잡혔는데 잡히지 않았다고 떼를 쓴다면 아이가 그런 규칙에 적응할 준비가 안 되었다는 의미다. 그럴 때는 아이를 그 놀이에 끼워 넣지 말고 다른 놀이를 하도록 유도해 주는 것이 바람직하다.

아이가 심하게 떼를 쓰거나 규칙을 자기 멋대로 바꾸려고 할 경우에는 일단 공감해 준 뒤에 여럿이 함께 놀 때는 지켜야 할 규칙이 있음을 알려 준다. 그 규칙을 지키지 않는다면 놀이를 할 수 없음을 알려 주면 아이는 서서히 규칙을 지키려고 하고 자기감정을 조절해야 한다는 걸 알게 될 것이다.

보통은 이런 갈등이 심하지 않은데 유독 심하다면, 즉 졌다고 판을 뒤집어 놓는 일이 과하다면 평상시 양육 태도를 돌아보는 게 필요하다. 아이가 무언가 성취했을 때 그 결과만을 집중적으로 칭찬하는 경우 아이는 지는 것에 대해 크게 좌절하고 받아들이지 못하기 때문이다. 실패해도 격려해 주거나 평상시 사랑한다는 말을 자주 듣는 아이들은 좌절에도 다시 일어날 용기를 갖기 마련이다.

아·이·케·어·키·워·드!

지기 싫어하는 성격을 가진 아이들은 부모의 양육 태도를 돌아보는 것이 필요하다. 엄격한 가정환경에서 승부욕은 민감하게 반응하며, 적당한 제재 없이 아이가 뭐든 하는 대로 내버려 둔 가정환경도 승부에 집착하는 아이를 만든다. 칭찬을 할 때도 결과가 아닌 **과정을 칭찬**해 주고, 부모는 결과에 승복할 줄 아는 사회생활의 윤리를 아이가 익히도록 도와주어야 한다.

친구를 깔보는 아이

아이들은 3세 무렵부터는 친구를 필요로 한다. 부모의 지속적인 관심과 사랑도 필요하지만 또래 친구들과 함께 놀면서 집에서 배우고 느낀 것을 시험해 보고 자신의 생각도 확인해 보고 싶어진다. 이때 친구를 사귈 기회가 없거나 훈련이 제대로 되지 않으면 비사교적인 아이로 성장할 수 있다.

어린이집을 운영하면서 유아들과 잦은 접촉을 하다 보면 유난히 또래 친구를 야유하고, 친구의 약점을 들추어 흉을 보는 아이를 볼 수 있다. 일반적으로 친구를 깔보는 아이들의 특징은 친구의 실수를 보고 험담을 하거나, 친구의 결점을 지적해서 경멸하거나, 친구가 하는 것을 비판하고 야유한다. 그리고 자기라면 할 수 있다든지 자신은 그런 어리석은 짓은 하지 않는다고 자만하기도 한다. 이런 아이들은 친구가 할 수 없는 것을 도와주고 결점을 보완해 준다든지 친구의 실패를 덮어 주는 일은 거의 찾아볼 수 없다.

유아기에는 자기중심적인 성향이 강하므로 자기의 주장이나 기분을 절제하기가 어렵다. 그래서 또래들 중에 잘 하지 못하는 아이나 서투른 아이가 하는 것을 보고 가만히 있지 못하는 것이다. 친구를 깔보고 조롱하는 아이들은 먼저 근본을 잘 살펴보아야 한다. 자기의 능력을 과시하고 싶다든지, 자만하고 싶다든지 또는 자기의 우세한 위치를 보여 주기 위한 것이라면 그것이 조롱이나 야유를 만드는 원인이 되는 경우가 많기 때문이다.

친구를 깔보고 업신여기는 아이 중에는 의외로 지적 능력이 높은 아이가 많다. 이런 아이에게는 친구의 결점이 쉽게 눈에 뜨이기 마련이다. 이런 아이들은 자신을 눈에 띄게 하고 싶고, 자만하고 싶어 하므로 어려운 일을 시켜 자기만족을 시켜 주는 것이 좋다. 그리고 그러한 능력을 다른 아이를 위해 봉사하는 방향으로 이용한다. 그리고 경쟁심이 강한 아이에게는 경쟁심을 자극하지 않게 지도한다. 예를 들면 빨리 해 버리면 즐길 시간이 없으니까 천천히 하면서 즐기는 시간을 만끽하도록 권한다.

가정에서는 아이를 너무 부추기거나, 지나친 자만심만 키우지 않도록 하며, 또 경쟁심을 부추기지 않도록 대화를 나누는 것이 필요하다. 아무리 우수한 것이 중요하다고 하더라도 열등한 사람이 갖는 또 다른 장점을 볼 줄 아는 태도를 길러 주어야 한다. 이와 함께 열등감을 갖지 않도록 유의할 필요가 있다. 가령 이웃집 아이를 비교 대상으로 삼아 어느 쪽이 잘하고 서투르다거나 어느 쪽이 빠르고 늦다는 식으로 비교하는 것은 바람직하지 않다.

또래 친구를 깔보는 아이의 올바른 훈육은 우선 부모의 육아태도를 바꾸는 것이다. 아이가 원하는 것이라면 무조건 다 들어줄 것이 아니라 들어줄 것은 들어주고 참아야 할 것은 포기하도록 하는 확고한 자세가 중요하다. 때로는 들어줄 필요가 있는 것이라도 일단 적당한 시간이 지난 다음에 해결해 주는 방법도 필요하다. 이렇게 하다 보면 아이는 모든 일을 자신의 욕구대로만 할 것이 아니라 다른 사람의 생각도 함께 고려해야 한다는 것을 깨닫게 된다.

이와 함께 아이를 지나치게 과잉보호하거나 아이의 사생활에 지나치게 간섭하지 않도록 주의한다. 일일이 어른의 지시에 따라 행동하는 습관을 지닌 아이는 자율적인 판단능력이 뒤떨어져 친구들과의 관계에서도 어른들(부모, 교사)의 보호나 지시 없이는 어떻게 행동해야 좋을지를 알지 못해서 어려움을 겪을 수 있기 때문이다.

> **아·이·케·어·키·워·드!**
>
> 자신의 **능력에 대한 자만감의 표시**로 아이들은 종종 다른 아이들을 깔보곤 한다. 그럴 때는 아이의 경쟁심을 부추기지 않도록 가정에서부터 대화를 나눌 때 타인과 비교하지 않도록 신경 쓴다. 또한 자신보다 뒤처지는 아이를 도와주는 경험을 쌓게 해 다양한 사람들의 감정을 이해하게 한다.

고집이 센 아이

아이들 무리를 관찰하다 보면 유난히 고집이 센 아이들을 볼 수 있다. 남녀노소를 불문하고 고집이 세면 사회생활을 할 때 좋은 평을 얻기 힘들다. 그래서 많은 부모들이 자녀의 고집이 세면 걱정하게 된다. 적당하게 자기 생각을 가지고 있으면 공부할 때나 일할 때 도움을 줄 수 있지만 너무 세면 절대로 좋지 않은 것이 고집이다.

부모들은 자녀가 심하게 고집을 피우고 말을 안 듣는 경우를 일생에 두 번 경험하게 된다. 그 첫 번째 시기는 자녀가 만 2~3세 되었을 때로 고집의 절정기를 맞게 된다. 부모가 하는 말에 무조건 "안 해, 싫어"라며 저항하고 고집을 부리는 것이다. 이 시기는 '끔찍한 두 살'이라고 부를 정도로 모든 부모들이 고집부리는 자녀 때문에 고민하게 된다. 이런 고집은 아이가 자립적 인간으로 커 나가는 과정에서 자신을 나타내는 하나의 방법이기에 긍정적으로 생각하는 것이 좋다. 두 번째 시기는 사춘기로 자아 정체감을 확립하는 과정에서 부모와 마찰이 생기는 것이다.

유아들은 대부분 고집이 세다. 부모가 아이의 요구를 다 받아주었다거나 기다리고 양보하는 것을 배우지 못했기 때문만은 아니다. 고집부리는 것이 안전하다고 느끼기 때문인 경우도 많다. 자기가 먹고 싶은 것을 먹어야만, 자신이 정한 순서대로 옷을 입어야만 안전하다고 생각하기에 고집을 부리는 것이다.

고집이 센 아이들의 공통점은 엄마와 아빠의 의견을 듣지 않는 것이다. 이러한 아이의 행동은 자기 의지를 표현할 수 있고 자아 개념이 강해졌다는 뜻이다. 하지만 아이들은 자신의 생각을 표현하는 부분이 서툴기 때문에 어른들이 보기에는 고집이 세다고 느꺼지는 것이다.

　대부분 부모들은 아이가 혼자서 무언가를 하려고 할 때 걱정되는 마음이 앞서서 그 행동을 도와주려고 한다. 이때 혼자 할 수 있다고 생각하는 아이들은 부모가 도와주는 것이 마음에 들지 않아 혼자 하겠다고 고집을 부리게 된다. 그렇기 때문에 아이가 혼자 할 수 있다면 지켜봐 주는 것이 좋다.

　일반적으로 아이가 지나친 고집을 부리게 되면 부모도 화가 나서 아이에게 더 단호하게 대하기 마련이다. 아이가 고집을 부릴 경우 무조건 혼을 내기보다는 한걸음 양보해서 왜 그런 행동을 보이는지 이해하고 도와주어서 아이가 보고 배울 수 있도록 하는 것이 좋다. 아이의 고집을 꺾는 데만 집착해서 소리를 지르거나 폭력을 사용한다면 아이는 상처를 받게 된다.

　아울러 고집을 부려도 통하지 않을 때가 있다는 것을 가르치는 것이 중요하다. 시간에 쫓기면 급한 것은 언제나 부모다. 결국 마지못해, 또 할 수 없이 아이의 요구를 들어주게 된다. 이런 상황이 반복되면 아이는 부모가 시간에 쫓기거나 다른 사람의 눈을 의식하는 상황에서 고집을 피우기 마련이다. 만약 공공장소 등 다른 사람의 눈이 의식되는 장소에서 아이가 고집을 피우면 부모는 하던 행동을 멈추고 그 자리를 과감히 떠나는 것이 바람직하다. 부모는 아이의 어떠한 행동에도 이성을 잃고 흥분하거나 화를 내지 말고 단호하고 냉정하게 대처해야 한다.

가장 좋은 방법은 아이가 제 풀에 지칠 때까지 아이 요구를 들어주지 않거나 아예 관심을 주지 않는 것이다. 부모가 같이 흥분해서 아이 고집을 꺾는 데만 급급하면 문제의 본질은 뒤로 간 채 부모와 아이 간에 '누가 이기나 해보자'는 전쟁이 일어날 뿐이다. 이는 부모와 아이에게 모두 소모전이 되므로 피하는 것이 좋다. 부모는 안정감과 평상심을 잃지 않은 채 말수를 줄이고 "안 돼"라고 이야기한 후 끝까지 아이의 고집스런 요구에 굴복하지 않는다. 이런 부모의 태도는 반복적이고 일관적이어야 효과를 볼 수 있다.

그리고 평소 부부의 태도도 중요하다. 항상 차분한 어조로 부부가 서로 상의하고 상대방의 의사를 존중하고 수용하는 태도는 자녀에게 가장 훌륭한 교과서가 된다. 부부가 합리적인 이유에 의해서 자신의 고집을 내세우지 않는 모범을 보이는 것이다. 부모가 매사에 이렇게 행동한다면 아이가 고집 피우는 일은 점차 없어지게 된다. 부모가 목소리를 크게 내고 우겨서 일을 처리한다면 같은 상황에서 아이는 그대로 따라 하기 마련이다.

아·이·케·어·키·워·드!

아이가 고집피우는 행동은 우리의 생각과 달리 성장 과정에서 **자신을 나타내는 하나의 방법**일 뿐이다. 수용하지 못할 고집을 부릴 때는 고집을 부려도 통하지 않는다는 것을 아이가 경험하게 해 주는 것이 좋다. 단, 부모도 반복적이고 일관적인 태도를 보일 때 효과가 있다.

성기를 만지는 아이

 학부모 상담을 하다 보면 자녀들이 자신의 성기를 만지는 것을 보고 걱정하는 부모들을 볼 수 있다. 결론부터 말하자면 너무 걱정하지 않아도 된다. 아이들이 자라면서 자신의 성기를 만지는 것은 자연스러운 일이다. 성기를 만지는 행동은 아이들이 손가락을 빠는 행위와 같다고 볼 수 있으며, 여기에 특별한 성적인 의미가 있는 것은 아니다.

 일반적으로 아이들은 생후 15개월 정도 지나면 자신의 성기를 만지기 시작하고, 3~4세가 되면 성기를 들여다보고 만지면서 장난을 치게 된다. 이 시기에 아이들이 성기를 만지게 되면 부모의 입장에서는 조금 당황하게 되는데 그럴 필요는 없다. 아이가 성기에 관심을 갖는 것은 성(性)에 대한 정체성을 찾는 과정이다. 자신이 여자인지 남자인지 확실하게 알아가는 성장 과정이므로 크게 문제될 것이 없다. 그러다가 어느 날 갑자기 성기를 만지는 행동이 사라지고 다른 발달과정으로 넘어간다.

문제가 되는 것은 또래 아이들과 잘 어울리지 않으면서 지나치게 자주 성기를 만지거나 주변의 시선을 의식하지 않고 자위행위에만 집착하는 경우다. 이처럼 지나치게 자위행위에 몰입하는 것은 아이가 정서적으로 외롭고 심심하다는 신호다. 부모가 맞벌이를 하거나 형제 터울이 짧아 동생을 일찍 보는 등 부모의 관심과 애정을 충분히 받지 못한 경우 나타나기도 한다. 이런 아이에게는 부모의 사랑을 충분히 받고 있다는 느낌을 가질 수 있도록 애정표현을 하는 것이 중요하다.

아이가 성기를 만질 때, 당혹스러워서 너무 크게 나무라거나 야단을 치는 건 좋지 않다. 호들갑스럽게 야단을 치면 더 자주하게 마련이다. 따라서 아이의 자위행위를 목격했을 때는 못 본 척하거나 아이의 관심을 다른 곳으로 유도하는 것이 좋다.

어떤 부모들은 "고추가 썩는다", "병원에 가서 수술해야 한다"는 등의 말을 해서 아이에게 협박을 하기도 하는데 이는 오히려 아이를 주눅 들게 하고 왕성한 호기심을 억누르는 결과를 가져올 수도 있다. 그보다는 아이의 그런 행동을 봤을 때, 행위 자체를 멈추게 하려 하지 말고 성기가 불결하지는 않는지, 혹은 염증이 있는 것은 아닌지를 확인해 보아야 한다. 아이들의 경우, 성기에 염증이 있다거나 혹은 가려워서 자꾸 긁거나 만지는 경우도 있기 때문이다.

만약 그렇지 않다면 평상시 아이에게 소홀하지는 않았는지 잘 생각해 봐야 한다. 아이가 성기를 만지는 행위는 일종의 쾌감을 얻기 위한 행동이기도 하다. 따라서 아이들이 성기를 만지는 행동에서 얻는 쾌감보다 더 많은 쾌감을 얻을 수 있는 놀이를 생각해 봐야 한다. 그것은 두말할 것도 없이 부모의 관심이다. 부모가 관심을 갖고 아이와의 놀이에 더 많이 배려해 준다면 성기를 만지고 싶은 생각 따위는 금방 사라진다.

부모가 할 수 있는 일은 아이에게 흥미 있는 놀이를 찾아 주는 것이다. 심심하거나 적당한 놀잇감이 없어서 성기를 만지는 아이들이 많기 때문에 찰흙놀이나 요리 등 손을 바쁘게 사용하는 놀이를 함께하는 것이 좋다. 때에 따라서는 에너지 소모가 많은 활발한 신체활동을 할 수 있는 바깥놀이도 도움이 된다.

그리고 아이의 옷은 손을 집어넣기 쉬운 헐렁한 고무줄 바지나 성기를 자극하는 꼭 끼는 옷은 피하는 것이 좋다. 멜빵바지처럼 엉덩이 부분이 넉넉하면서도 손을 집어넣기 힘든 옷을 입힌다. 그리고 팬티는 반드시 입혀서 외부 자극을 차단하고 안정감을 느끼게 해 주어야 한다.

아울러 또래 아이들과 함께 어울릴 수 있도록 도와주는 것도 필요하다. 성기를 자주 만지작거리는 아이 중에는 내성적이거나 친구들과 잘 어울릴 줄 모르는 아이들이 많다. 아이를 가능한 한 혼자 두지 말고 친구들과 어울리게 하거나 부모와 함께할 수 있는 놀이를 찾아보는 것도 중요하다.

또한 남자와 여자의 신체적 차이를 알려 주고, 아이 눈높이에서 성교육을 시키는 것도 중요하다. 성기를 자주 만지면 나쁜 균이 들어간다고 아이에게 설명해 주고 성기는 소중한 곳이니 다른 사람들 앞에서 성기를 보여 주거나 만지는 행동은 하지 말고 소중하게 숨겨 두자고 이해를 시켜 주는 것이 바람직하다.

아·이·케·어·키·워·드!

성기를 만지는 행위는 특별한 의미가 없는 **자연스러운 성장 과정**이다. 다만, 아이가 성기에 집착할 때는 신체적 활동이 많은 다른 놀이로 아이의 관심사를 돌리고, 또래들과 자주 어울리도록 기회를 제공해 주도록 한다.

잘난 척하는 아이

　아이들이라면 대부분 우쭐대거나 자신이 갖고 있는 것을 자랑하고 싶은 욕구를 가지고 있다. 그중에서 다른 사람을 깔보면서 자신을 높게 세우는 것은 잘난 척하는 기질이 강한 편이라고 할 수 있다. 이런 아이의 행동을 얄밉게 보기보다는 아이가 갖고 있는 기질로 보는 것이 바람직하다. 실상 아이들 마음속에 어른들처럼 다른 사람을 무시하거나 괴롭히고 싶은 경우는 거의 없다. 일반적으로 평범한 가정의 자녀들이 남을 무시하는 마음을 타고나는 경우는 드물다. 오히려 친구들과 잘 지내기 위한 방법으로서 내가 똑똑하고 아는 것이 많으면 내 주변에 친구들이 다가올 것이라고 생각하는 경우가 더 많다.

간혹 지나치게 잘난 척하여 친구들이 함께 놀기를 꺼려 하는 아이들을 볼 수 있다. 이는 특별하게 언어능력이 뛰어나거나 호기심이 왕성하여 아는 것이 많은 아이들에게서 발견되는 현상이다. 잘난 척하는 아이는 일을 쉽게 시작하지만 기복이 심해 끝을 잘 내지 못하고 흐지부지 끝나는 경우가 있다. 그러나 이런 아이들은 자기주장이 강하고 카리스마가 있으며 리더십이 강한 지도자가 될 수 있는 스타일이다.

일반적으로 잘난 척하는 아이는 무슨 일이건 자기 마음대로 행동하고 마음대로 안 되면 화를 내고 행패를 부리는 것을 볼 수 있다. 또한 다른 또래 앞에서 뽐내는 자세를 보이면서 몸이나 손과 발로 친구를 툭툭 건드려 자신을 과시하는 특징이 있다.

아이가 잘난 척하는 원인은 가정에서 부모가 아이 마음대로 하도록 묵인하여 자기 본위의 행동을 하기 때문인데, 유아기 어린이들은 대부분 발단 단계적으로 이런 성향이 나타난다.

내 아이만은 남달라야 하고 남에게 뒤져서는 안 된다는 생각과 기죽이지 않고 키우겠다는 마음 때문에 아이를 중심으로 생활한 가정에서 잘난 척하는 아이를 많이 볼 수 있다. 부모가 아이들의 욕구만을 들어주지 말고 부모의 감정이나 생각도 알려 주어 함께 욕구를 조절하는 훈련을 해야 한다. 흔히 왕자, 공주인 척하는 아이들은 외모에 대한 칭찬에 집착하는 경향이 있으므로 내면이 더 중요하다는 사실을 깨닫게 할 필요가 있다. 또한 자신이 어떤 말이나 행동을 할 때 다른 사람의 입장이나 기분도 짐작해 볼 수 있도록 훈련할 필요가 있다.

잘난 척하는 아이의 지도 요령은 다음과 같다.

우선 긍정적인 측면에서 볼 때 일단 아이가 하고 싶은 대로 놔두고 지켜보는 것이다. 간섭하게 되면 심리적으로 위축되어 잘난 척하는 기질이 다칠 수도 있다. 아울러 아이의 장점을 높이 평가해 주는 것이다. 예를 들어 아이가 잘난 척하는 부분에 대해 인정해 주고 "네가 최고야!"라고 기를 살려 주는 것이다. 사람들은 누군가 인정해 주면 그에 맞게 행동하려고 노력하게 된다. 그리고 잘난 척하는 아이들은 자기 스스로 하려는 의지가 강하므로 누가 도와주는 것을 싫어한다. 도와주지 말되 스스로 끝까지 끝낼 수 있도록 유도하는 것이 좋고 부모에게 도움을 요청할 때에만 도와주는 것이 좋다. 아이가 놀이를 할 때도 부모가 놀이를 지정해 주지 말고 자기가 하고 싶은 놀이를 하고 혼자 놀게 한다. 아이 혼자 놀다가 도움을 청할 경우에만 같이 놀아 주는 게 좋다.

자기중심적이고 잘난 척하는 것은 유아기에 흔히 볼 수 있는 현상이므로 이를 너무 문제시해서 아이를 의기소침하게 해서는 안 되며, 적절한 반응으로 지나친 자기과시를 암시해 주어 건강한 방향으로 의협심을 기르도록 지도하는 것이 바람직하다. 특히 동물 인형극을 통해 잘난 척하다가 봉변을 당하는 동물 세계의 이야기를 의인화하여 들려주는 것도 간접적인 지도 방법이라 할 수 있다.

아울러 자기 통제의 능력과 친구를 도와주는 봉사심을 길러 주는 것이 좋다. 이런 아이는 자기중심성이 강한 대신 행동이 적극적이고 대담한 경우가 많으므로 소집단에서 역할을 주어 봉사심과 인내심을 기르도록 해 주는 것이다. 예를 들어 "네 친구 ○○가 무척 힘들어하는데, 좀 도와줄래?"라고 말하며 유도하는 것이다.

그리고 주변에 고집이 세고 잘난 척하는 성격의 아이들을 모아 작은 집단을 만들어 주는 것도 한 방법이다. 이런 집단에서는 모두가 제 마음대로 하고 잘난 척하기 때문에, 다른 아이의 행동을 보고 자신의 행동을 이해할 수 있다. 따라서 어린이집 등 유아교육기관에서는 자기 마음대로 할 수가 없고 그럴 경우 또래들과 사이좋게 지낼 수 없음을 배우게 되는 것이다.

아·이·케·어·키·워·드!

잘난 척은 아이들의 공통적인 **욕구 분출 수단**이다. 잘난 척이 심한 아이는 간섭을 싫어하므로 아이의 장점은 칭찬해 주고 자기 통제 능력과 봉사정신을 길러 주는 것이 효과적이다. 특히 이런 기질의 아이들과 어울리게 해 자신의 행동에 문제가 무엇인지 스스로 깨닫게 하는 것도 좋은 방법이다.

호기심이 많은 아이

호기심이란 어떤 것의 존재나 이유에 대해 궁금해 하고, 알려고 하며, 항상 생동감 있게 주변의 사물에 의문을 갖고 끊임없이 질문을 제기하는 태도나 성향을 말한다. 호기심이 있는 사람은 주변의 현상에 대해서 '왜 그럴까? 무슨 일일까?'라는 질문을 의식적으로 제기하고, 그 질문에 대한 답을 찾으려고 한다. 호기심은 자발적으로 지식을 습득하고, 사고하고, 행동하는 데 많은 영향을 미친다.

호기심이 많은 아이는 새로운 물체나 자극이 나타났을 때 적극적으로 탐구행동을 하며, 융통성이 많고 다른 일에도 독립적이고 자신감 있는 태도를 보인다. 반면 호기심이 적은 아이는 호기심이 많은 다른 아이를 바라보는 소극적인 탐구행동을 보이며, 이러한 경험이 반복되어 결국 호기심이 적은 상태에 머물러 있게 된다. 또한 불안 수준이 높고 소극적이어서, 탐구행동을 실행하는 능력이 없다기보다는 자신의 호기심을 행동으로 나타낼 수 있는 자신감이나 자기주장이 부족한 것으로 관찰된다. 즉, 아이의 자신감이 호기심과 밀접한 관계가 있다는 것이다.

호기심에는 개인차가 크지만 개인 안에서도 연령에 따라 호기심의 종류와 이를 충족시키는 방법이 다르다. 신생아는 시각·청각·후각·촉각 등의 감각 자극을 통해 호기심을 충족하며 발달해 간다. 누워 있는 신생아도 소리가 나는 쪽으로 고개를 돌리고 움직이는 모빌을 쳐다보며 손에 잡힌 딸랑이를 흔들면서 호기심을 드러낸다. 아이가 기고 걷고 달리면서 활동 범위가 넓어지면 언어가 발달하면서 끊임없이 묻고 대답한다. 그래서 "이게 뭐야?", "왜?"라는 질문을 끝없이 던지게 된다. 아이가 질문할 때 부모의 반응에 따라 호기심이 많은 아이가 되기도 하고 인간관계에 관심을 보이는 아이가 되기도 한다.

4세 이후에는 성적(性的) 호기심도 발달하여 성별 차이와 생김새에 호기심을 느끼고 아이가 어떻게 태어나는지 궁금해 한다. 이때 남아는 자동차, 로봇 등 움직이는 장난감과 목표 지향적인 놀이를 선호하고, 여아는 관계 지향적인 특성에 따라 인형에 관심을 갖는다. 이것은 사회적 역할 놀이를 통해 발달해 가는 현상이므로 부모는 지나치게 딸과 아들을 구별해서 대하지 않는 태도를 취하는 것이 중요하다.

아이들은 기본적으로 다양한 궁금증으로 세상을 본다. 이것은 호기심 때문인데, 궁금증을 해결하는 첫 단계가 바로 질문이다. 아이는 부모나 어른들에게 질문하면서 궁금증에 대한 답을 찾고자 하는 것이다. 이때 궁금한 것에 대한 답변을 적극적으로 해 주면 아이는 원하는 대답을 얻고 또 다른 궁금증이 생겼을 때 다시 질문을 한다. 질문을 하면 알고 싶은 것에 대한 답을 얻을 수 있으니 계속 묻고 싶은 마음이 생기는 것이다. 창의적인 아이로 키우고 싶다면 아이가 궁금해 하고 호기심을 갖고 질문하는 것에 대해 적극적으로 반응해 주는 것이 중요하다.

그러나 아이가 호기심을 갖고 질문할 때 단순히 그것에 대한 정답만 알려 주는 것은 바람직하지 않다. 아이가 어리더라도 대화를 나누려는 생각을 먼저 하는 것이 중요하다. 이를 통해 아이가 스스로 정답을 생각하거나 고민해 볼 수 있도록 상황을 만들어 주는 것이 좋다. 또 아이의 대답에 긍정적으로 반응하고, 정답을 생각해 낼 수 있도록 다른 질문도 해 본다. 이런 대화를 통해 아이는 다양하게 생각하는 힘을 기르게 된다.

대화와 토론을 하다 보면 막연히 알고 있는 것을 확실하게 알게 된다. 아울러 자신에게 부족한 것과 더 알아야 할 것이 무엇인지 발견하게 된다. 이런 과정을 통해 새로 알아야 할 것에 대한 호기심이 끊임없이 생겨나고 지적 욕구도 커지게 마련이다. 또 호기심을 통해 지식을 늘리다 보면 대화나 토론을 할 때도 논리적이고 설득력 있게 말하는 힘을 갖게 되어 의사소통 능력도 향상시킬 수 있다.

반면에 호기심이 많은 아이의 의욕을 꺾는 행위 중 하나가 바로 부모의 권위적인 태도다. "안 돼, 위험해, 더러워, 그만해, 엄마가 해 줄게" 등의 말은 아이가 호기심을 갖고 무엇을 해 보려고 하다가도 주저하게 만든다. 또한 설명하고 지시하는 태도도 금물이다. 아이가 경험하기 전에 모든 것을 알려 주면, 더 이상 흥미를 갖지 못하기 마련이다. 또 마치 당연한 것처럼 "이렇게 해, 저렇게 해"라고 이야기한다면 아이 스스로 생각할 능력조차 뺏게 된다. 그리고 부모의 무관심하고 책임을 미루는 태도도 아이의 호기심을 꺾는 요인이 된다. 아이가 잘못된 행동을 했을 때 "그럴 줄 알았어, 너 때문에 잘못됐잖아" 등과 같은 태도를 보이면 아이는 죄책감에 사로잡혀 소극적이 되고 만다.

아·이·케·어·키·워·드!

호기심은 다양한 궁금증으로 **세상을 보는 현상**이다. 호기심이 강한 아이들은 독립적이고 자신감이 높게 형성된다. 호기심을 키워 주기 위해서는 부모의 양육태도가 중요한데, 권위적인 태도를 버리고 아이와 함께 문제를 해결해 나가는 과정이 필요하다. 대답을 알려 주기보다는 **여러 가지 질문을 통해** 아이가 깨닫지 못한 문제를 생각해 볼 수 있도록 도와주어야 한다.

공감력이 떨어지는 아이

 필자가 운영하는 어린이집에 만 5세 된 여자아이가 있다. 이 아이는 유난히 자기애와 자기방어가 강해서, 또래 친구들이 자기 물건을 만지거나 본인에게 조금이라도 피해를 주면 과도하게 화를 내고 소리를 지르기도 한다. 같은 반 친구들과 대부분 다툼을 경험한 적이 있을 정도다.

 가끔 여럿이 함께 놀이를 하면 혼자 놀기도 하는데, 아이에게 물어보니 자기는 소꿉놀이가 좋은데, 다른 친구들은 시시해서 안

한다고 해서 혼자 한다는 것이다.

  대부분 여자아이들은 공주 놀이나, 그림 그리기 등을 좋아하는데 이 아이는 그런 것에는 별로 관심이 없다. 오히려 로봇이나 자동차를 좋아하고 보드게임이나 블록놀이를 좋아한다. 그렇다고 남자아이들하고 놀기에는 힘이 부치는 것 같은지 함께 어울리지도 않는다.

  우리 사회에 '공주병'과 '왕자병'이란 말이 있다. 이런 사람들은 대체로 자기애가 강한 사람들이라고 할 수 있다. 자기애가 적당히 있는 것이 괜찮은데 지나치게 강하다 보면 성격적으로 문제를 일으키게 되고 '자기애성 성격장애자'가 되기도 한다.

  그들은 다른 사람을 하나의 인격체로 인정하기보다는 자기를 위해 있는 대상으로 생각하는 것이다. 또한 자신을 인정하고 위해 주는 대상이 없으면 심하게 외로워하고 우울해지기도 한다. 그래서 자신에게 관심을 보여 주는 대상이 있어야 생기가 살아난다.

  자기애가 강한 사람들은 공격성과 분노가 잘 생긴다. 그 이유는 이들이 공격성이 높기 때문이고, 자신의 이상화에 대해서 다른 사람이 만족시켜 주지 못하기 때문이다. 자기애가 강한 사람들의 공격성은 주로 질투로 표현된다.

이들은 다른 사람들이 가지고 있는 것을 원하기 때문에 고통받고 대인관계에서 어려움을 겪는 경우가 많다. 또한 상대가 이상화의 대상에서 평가절하의 대상으로 바뀌면 대인관계를 끊어 버리는데 이들은 상대와 서로 공감할 수 있는 능력이 없다. 따라서 상대와 이야기하는 것이 즐겁지 않으면 관심을 갖지 않으며 대인관계나 친구관계가 피상적으로 흐르는 경향이 있다.

일반적으로 과도하게 화를 내는 아이들은 대부분 천성적으로 민감한 아이이거나, 부모가 아이를 롤러코스터처럼 감정 기복이 심한 태도로 키웠을 경우가 많다고 한다. 예민한 경우라면 어쩔 수 없이 조금씩 부딪치면서 마모가 되겠지만, 부모가 아이한테 그런 적은 없는지 한 번 생각해 봐야 한다.

요즘 부모들 중 어린아이한테 너무 어른스러움을 요구하고 조금만 잘못을 하거나 실수를 하면 짜증을 내고, 소리를 지르고, 책임추궁을 하는 경우가 있다. 그럴 경우 아이의 성격이 굉장히 예민해지고, 친구들과 함께 놀면서도 짜증을 잘 낸다고 한다.

그리고 또래 친구들과 자주 부딪치고 싸운다는 것은 아이가 자기감정을 잘 표현하지 못한 경우가 많기 때문이다. 어린아이들이 집단생활을 하면서 서로 부딪치고 싸우는 일은 있을 수 있다. 다만 갈등을 어떻게 표현하고 해소하느냐를 지켜보고 부모로서 조언해 줄 필요가 있다.

예를 들어 자기 장난감을 친구에게 양보해 주는 고운 마음이 보일 때 칭찬을 많이 해 주는 것이 좋다. 단, 친구들과 잘 놀고 싶은 마음이 친구를 오히려 괴롭히는 방향으로 나타날 수도 있다. 그때는 부모가 아이의 마음을 잘 읽어 주어야 한다. 아이가 원하는 걸 잘 받아 주고 위험한 것은 한계를 지어 주되 그 밖에는 아이의 감정을 잘 읽어 주어야 한다. 그래야 다른 친구들에게도 고운 마음을 줄 수 있다.

이와 함께 하루 30분씩 엄마가 감정표현을 하면서 아이에게 책을 읽어 주면 아이의 마음도 풍부해진다. 그러면서 "미안해, 고마워, 싫어, 같이해" 등등 자신의 마음도 전달이 가능하다는 것을 알게 된다. 이를 통해 엄마에게 감정의 스킨십을 배우게 되는 것이다. 그리고 많은 아이들이 있는 놀이터나 실내놀이터같이 제한된 공간에 데리고 다니면서 아이를 관찰하고 현명하게 해결하게 조언해 주는 것도 중요하다.

> **아·이·케·어·키·워·드!**
>
> 자기애와 자기방어가 강한 아이는 남들과 어울리는 것보다 혼자 노는 데에서 편안함을 찾는 경우가 있다. 아이가 갈등을 다루는 데 미숙하다면 부모는 아이가 착한 행동을 할 때 충분한 칭찬을 주고 다양한 사례가 담긴 독서를 통해 아이의 **공감력을 키우는 데 도움**을 주어야 한다. 또한 아이들이 많은 놀이터나 키즈카페에 데리고 다니면서 아이의 행동을 살펴본다.

자기 규칙만 강요하는 아이

자기애가 강한 사람은 머리가 좋은 편이고, 특히 '창의력'이 뛰어난 경우가 많다. 자신을 먼저 챙길 줄 아는 덕분에 제도나 관습 따위에 얽매이지 않는 '자유로운 영혼'이라는 소리를 들으며, 그 매력에 이끌리는 이들을 다수 거느리는 모습을 볼 수도 있다.

필자의 원에 다니는 5세 남아의 경우다. 활동적이고 움직이는 것을 유난히 좋아하지만 자기애가 강한 아이다. 친구가 자기의 물건을 만지거나, 피해를 보는 것을 아주 싫어하는데 그 정도가 보통 아이들의 반응보다 더 격렬하다. 또래들과 놀 때도 본인이 정해 주는 것을 좋아한다. 그래서 친구가 안 논다고 하면 상처를 받고 삐지기도 하면서 그러다가 또 어울려 놀기도 한다.

아이 성격이 활발해서 처음 보는 친구들과도 쉽게 말을 걸고 금방 같이 놀기도 한다. 다만, 자신을 공격하는 행동이나 말을 하면 참지 못하고 공격을 하거나 화를 낸다. 그리고 참견이 심하다. 교실의 여기저기 영역을 다니면서 다 참견하고 때로는 자기만의 구역을 만들기도 한다. 다른 친구들이 그 구역을 맘대로 들어오거나 망가트리면 엄청나게 화를 내기도 한다.

아울러 관심 받는 것을 무척 좋아한다. 인사도 잘하는데, 그러면 교사나 어른들이 좋아하는 것을 알기 때문에 더욱 열심히 한다. 그리고 정리하는 거나 친구들을 도와주는 것을 좋아하는데, 본인이 희생하겠다는 봉사정신이 아니라 그렇게 하면 본인이 더 빛나 보인다는 것을 아는 것 같다. 또, 무슨 일이든지 1등을 해야만 직성이 풀리는 스타일이다. 그런데 문제는 포기도 너무 쉽게 하는 것이다. 본인이 못하는 것에는 아예 손을 놔 버린다.

인간의 본성은 자신이 인정받지 못하고 부당한 취급을 당하게 되면 반사적으로 자신을 보호하려는 방어기제가 튀어나온다. 자기 방어적 본능은 바로 '내가 이런 대접을 받는 것은 부당하다'는 생각과 분노심을 형성하게 된다. 이러한 '분노심'은 곧바로 '복수심'으로 연결되는데 '내가 더 특별한 사람이 되어 반드시 그들에게 복수하겠다'는 강렬한 생각에 집착하도록 만든다. 예를 들면 멋진 사람이 되고 싶은 강렬한 소망은 자신의 부족한 현재의 모습을 무조건적으로 부정하거나 다른 사람이나 환경의 탓으로 돌리게 한다. 반면에 자신이 가지고 있는 긍정적인 모습은 실제보다 과장하여 타인에게 인정을 받도록 과시한다.

실제로 뉴스를 통해서 보는 것뿐만 아니라 주변의 가까운 청소년들만 보아도 어린 시절부터 아이들은 자신의 생각이 가장 우선이라는 교육을 받아 왔다. '네가 생각한 것과 결정한 것이 답'이라는 것으로, 이는 진취적으로 미래를 열어가고 자신감 있게 살아갈 수 있도록 돕는 교육 같지만 역설적으로 옳고 그름이나 죄책감의 결여를 불러와 반사회적인 행동을 할 가능성을 야기한다.

보여 주는 것이 중요한 시대에는 자신을 지키고 '잘 보이기 위해서' 스스로 뻔뻔해지는 경우가 많다. 미래에 대해 삐뚤어지고 왜곡된, 나약한 시각을 가진 청소년들이 점점 많아지고 있다는 소식은 어제오늘의 일이 아니다. 일류대학에 들어가서 사람들 위에 군림하기 위한 것이 목표인 아이들은 행복할 수가 없다.

선천적으로 뻔뻔함을 타고났다 해도 유년시절에 형제들 틈바구니에서 경쟁과 양보, 배려를 배워 사회성을 길렀다면 나아졌을 것이다. 그러나 외동이 많고 기죽이지 않으려는 부모들의 교육방침이 강한 요즈음 아이들은 사회성이 떨어지고 자기애가 강한 성격으로 자랄 가능성이 점점 커지고 있다.

경제적 결핍 안에서도 풍요로운 내면을 가질 수 있다. 옳고 그름의 도덕적인 기반 안에서 자아상과 세계관을 다져 가며 미래를 밝고 긍정적이며 진취적으로 살아가도록 돕기 위해서는 가정과 유아교육기관, 학교 모두의 총체적인 노력이 절실히 요구된다.

아 · 이 · 케 · 어 · 키 · 워 · 드!

자기 기준에서만 모든 일을 처리하려는 아이들이 요즘 늘고 있다. 부모의 **잘못된 양육에서 기인**한 탓이 크다. 그러나 배려와 양보 없이는 사회에서 성공적인 관계를 맺기 힘들다. 그런 아이들의 내면을 풍요롭게 가꿔 주기 위해서는 양보의 미덕과 소통하는 법을 가르쳐야 한다. 또한 '틀림'과 '다름'에 대한 인식 교육이 필요하다.

아이의 좋은 습관 만드는 방법

"부모가 좋은 습관을 보여 주어야 한다!"

    습관이란 여러 번 되풀이함으로써 저절로 익고 굳어진 행동이나 어느 한쪽으로 치우쳐서 고치기 어렵게 된 성질을 말하며, 버릇은 오랫동안 자꾸 반복하여 몸에 익어 버린 행동을 말한다. 사람의 인생은 어쩌다 한 번의 특별한 이벤트로 결정되는 것이 아니고 매일매일 하는 일들이 차곡차곡 쌓여서 만들어지는 것이다. 생활의 많은 부분은 습관으로 이루어진다. 그래서 좋은 습관을 많이 가지는 것은 앞으로 발전할 무궁무진한 가능성을 얻는 것과 마찬가지다. 특히 어릴 적부터 좋은 습관을 많이 만들어 가면 앞으로의 인생에 큰 도움이 된다.

유아기의 습관은 부모에 의해 시작된다. 매일 눈을 마주치며 생활하는 부모의 행동을 무의식중에 따라 하며 자신의 생활습관, 사회적인 습관을 만들기 때문이다. 이처럼 습관이란 경험과 학습에 의해 습득되어 주기적인 반복행동으로 나타난다. 한편 버릇은 구체적인 의도나 목적 없이 특정한 상황에서 습관적으로 혹은 자동적으로 대처하는 행동을 말한다. 즉 선천적인 것이라기보다는 자주 사용하면서 그런 행동이 편하기 때문에 자연스럽게 학습된 행동이다.

아이의 습관이나 버릇은 신생아 때부터 형성된다고 할 수 있다. 일반적으로 3세 이전에 형성되는 잘못된 생활습관은 부모의 잘못된 육아태도 때문이고, 3세 이후에 나타나는 고집이나 반항 등은 부모의 지나친 관용과 허용, 그리고 과잉보호 때문에 생기는 경우가 많다. 따라서 아무리 늦어도 아이가 생후 15~18개월이 될 무렵에는 부모의 올바른 육아태도를 확립해야 한다. 아이를 대할 때는 정확한 판단력을 가지고 일관적인 태도를 취해야 하는 것이다. 어떻게 하면 좋은 생활습관을 들일 것인지, 나쁜 버릇을 고칠 수 있을 것인지 고민하기에 앞서 부모 역할을 올바로 수행하고 있는지부터 되짚어 봐야 한다.

나쁜 습관을 고치는 것은 상황을 악화시키는 것을 막을 따름이지만, 좋은 습관 기르기에 집중하면 아이의 에너지가 성장하고 발전하는 방향으로 맞춰진다. 그러므로 아이의 생활을 즐겁고 발전적으로 만들기 위해서는 잘못을 지적하기보다 좋은 행동을 키우고 강화시켜 주는 것이 필요하다.

아이의 좋은 행동을 강화하고 키우기 위해서 가장 좋은 방법은 바로 칭찬과 격려다. 아이들은 칭찬받은 행동을 반복하는 성향이 있기 때문에 아이의 좋은 행동을 자주 칭찬해 주고 인정해 주면 좋은 습관은 더욱 발전된다. 단, 좋은 습관을 만들어 준다는 이유로 어떤 일을 억지로 시키는 것은 금물이다.

아이에게 부모는 거울과 같은 존재로 부모를 모방하는 경우가 많다. 부모의 말, 표정이나 몸짓, 행동 등은 아이의 정서나 행동, 성격에 영향을 미치게 된다. 부모의 나쁜 버릇을 그대로 따라 할 수도 있다. 가령 부모가 퇴근이나 외출 후 집에 와서 씻지도 않고 옷을 아무 곳에나 벗어 놓는 것을 보고 자란 아이는 무의식중에 그런 행동을 따라 하게 되고, 그 결과 청결이나 정리정돈과는 거리가 먼 아이로 자랄 수 있다. 또한 부모의 잘못된 육아방법에서도 원인을 찾을 수 있다. 신생아 때 자꾸 안거나 업어 재우면 유아기를 거치는 한동안은 업혀야 잠을 자는, 잠투정이 심한 아이가 되기 쉽다. 그래서 부모부터 좋은 습관을 기르고 아이들에게 보여 주는 것이 최선의 방법이다.

일반적으로 아이들은 언어적 표현이 어느 정도 성장하는 24개월경부터 자기주장이 강해지며 떼를 쓰기도 한다. 이때는 아이의 관심을 분산시키고 차분히 무언가를 요구할 때 들어준다는 것을 인식시켜 주는 것이 필요하다. 예를 들어 식탁에 앉아 밥 먹기, 차에 탈 때 카시트에 앉기 등 사소한 것부터 시작하는 것이 중요하며, 훈육할 경우 아이의 행동을 유심히 보면서 무리하게 진행하지 말아야 한다.

아이 버릇은 하루아침에 만들어진 것이 아니기 때문에 쉽게 고쳐지지 않는다. 너무 성급하게 생각하지 말고 인내심을 갖고 꾸준히 바로잡아 나가야 한다. 잠버릇이나 식습관과 같은 생활에서 나타나는 습관이나 버릇은 대개 아이가 커가면서 자연스레 사라지기도 하지만, 어떤 버릇은 잠재되어 있다가 아이가 성장했을 때 좋지 않은 결과를 낳기도 한다.

아이의 좋은 성격을 만들기 위해서는 부모의 일관성 있는 태도가 핵심이다. 똑같은 일에 대해 어느 때는 야단을 쳤다가 어느 때는 내버려 두면 아이는 혼란스러워지게 마련이다. 이런 일이 반복되면 아이는 부모를 불신하게 된다. 그렇다고 너무 규칙에만 얽매이는 것도 좋지 않다. 일관성을 지키되 상황과 환경에 따라 융통성도 부릴 줄 알아야 한다.

그리고 규칙이나 벌칙을 정할 때는 아이와 함께 정하는 것이 좋다. 정리정돈이나 이 닦기 등은 2~3세 아이도 충분히 지킬 수 있는 규칙이다. 아이의 의견을 물어 규칙을 정해 놓으면 뿌듯한 마음에 더 지키려고 노력한다. 아울러 아이들은 사회규칙을 잘 모르기 때문에 전철이나 버스, 식당 등의 공공장소에서 떠들고 뛰어다니는 행동을 하게 된다. 이럴 때 단호하게 저지해야 하는데, 요즘은 '내 아이 기죽이면 안 된다'는 생각으로 그냥 두고 보는 부모들이 많다. 사회적인 약속과 규칙은 어렸을 때부터 똑바르게 가르쳐야 한다.

좋은 습관 기르기는 부모의 인내와 끈기가 가장 핵심이다. 올바른 습관이 잡히지 않는다고 조급해하고 아이를 다그치면 역효과가 날 수도 있으므로 안정적인 애착을 유지하면서 차분히 점진적으로 좋은 습관을 길러 주어야 한다. 아이는 부모의 모든 것을 보고 자라며 자연스럽게 부모의 행동을 모방하기 때문에 인성을 갖춘 예절바른 아이가 되기를 원한다면 부모가 먼저 솔선수범해야 한다는 것을 명심해야 한다.

초판 1쇄 인쇄 2015년 7월 17일
초판 1쇄 발행 2015년 7월 27일

지은이 송연희
펴낸이 신원영
펴낸곳 (주)신원문화사

편　　집 김순선 최미임
디자인 송효영
영　　업 이정민
총　　무 한선영 신주환 홍금선
관　　리 김용권 박윤식
경영지원 윤석원

주　　소 서울시 영등포구 당산동 121-245 신원빌딩 3층
전　　화 3664-2131~4 팩　스 3664-2130
이메일 bookii7@nate.com 트위터 @shinwonhouse
출판등록 1976년 9월 16일 제5-68호

* 파본은 본사나 서점에서 교환해 드립니다.

ISBN 978-89-359-1686-3 03370